GÜTERSLOHER
VERLAGSHAUS

KINDER GOTTES DIENST 2017

Mit Kindern
Glauben feiern
und verstehen

praktisch

Eine Arbeitshilfe zum Plan für den Kindergottesdienst

Eva Forssman

unter Mitarbeit von Susanne Betz, Ute Biedenbach, Annette Deyerl, Doris Dirwald, Karl-Heinz Dirwald, Eva Forssman, Christine Grans, Beate-Michaela Jöst, Andreas Kraft, Janine Lobenhofer, Gottfried Mohr, Adelheid Neserke, Anke Schäfer, Dirk Schliephake, Ute Christa Todt und Christine Wolf

Gütersloher Verlagshaus

Bibliografische Information der Deutschen Nationalbibliothek
Die Deutsche Nationalbibliothek verzeichnet diese Publikation in der Deutschen Nationalbibliografie; detaillierte bibliografische Daten sind im Internet über https://portal.dnb.de abrufbar.

FSC
www.fsc.org
MIX
Papier aus verantwortungsvollen Quellen
FSC® C005833

Verlagsgruppe Random House FSC® N001967

1. Auflage

Umschlagmotiv: © Michaela Steininger – Fotolia.com
Druck und Einband: Těšínská tiskárna, a.s., Český Těšín
Printed in Czech Republic
ISBN 978-3-579-07493-1

www.gtvh.de

Inhaltsübersicht 2017

Folgende Liederbücher finden im Rahmen der Kindergottesdienstarbeit immer wieder Verwendung. Auf sie wird innerhalb einzelner Beiträge hingewiesen:

KG	Andreas Ebert, Das Kindergesangbuch …, München 1998
KiKiHits	Reinhard Horn u.a., Kinder-Kirchen-Hits, Lippstadt 2008
KIMMIK 1 u. 2	Liederheft *Kirche mit Kindern* (KIMMIK 1 und 2), Arbeitsstelle Kindergottesdienst der Ev. Kirche Hannover, Hildesheim
LH 1 u. 2	Liederheft für *Kirche mit Kindern* 1 und 2. Arbeitsbereich Kindergottesdienst im Michaeliskloster Hildesheim
MKL 1 u. 2	Menschenkinderlieder Band 1 + 2, Zentrum für Verkündigung, Frankfurt

Vorwort

Liebe Mitarbeitende in der Kirche mit Kindern,

das erste Mal unter meiner Leitung ist ein der neue Band »Kindergottesdienst praktisch 2017« fertiggestellt worden. Es ist nicht leicht, in Urd Rusts Fußstapfen zu treten, weil sie mit so viel Kompetenz und Liebe über lange Zeit diese Reihe herausgegeben hat. Mit großer Freude habe ich die sehr verschiedenen, kreativen Beiträge zusammengestellt. Die Materialien für die Kindergottesdienste im Jahr 2017 sind so vielfältig, dass wir Ihnen wieder anbieten, Zusatzmaterial aus dem Internet herunter zu laden. Im Buch weist das Symbol darauf hin, dass auf der Website www.kindergottesdienst-praktisch.de farbige Fotos, Bastel- und Backanleitungen, Kopiervorlagen und weitere liturgische und kreative Ideen zu finden sind.
Kreative Menschen aus der Kirche mit Kindern in ganz Deutschland haben keine Mühen gescheut, reiche und bunte Gottesdienste für Kinder zu entwickeln, entlang dem »Plan für den Kindergottesdienst«, den der Gesamtverband verantwortet. Die Erfahrung unserer Autorinnen und Autoren, die Liebe zu den Kindern und zur Kirche mit Kindern ist den Entwürfen abzuspüren und schon beim Durchblättern bekommt man große Lust, ihre Ideen im eigenen Praxisfeld um zusetzen.
So zeigt der Entwurf von Gottfried Mohr zum Hiobbuch, wie aus gerissenem Papier eine schwierige Frage anschaulich wird. Andreas Kraft lässt die Kirche aus Kissen pfingstlich bunt entstehen, Ute Biedenbach schenkt die Idee eines Namenswürfels. Im Jubiläumsjahr der Reformation gibt es natürlich auch zu diesem Thema eine Einheit. Dirk Schliephake schlägt unter vielem anderen auch eine Bibelprozession vor, die vielleicht schon vor dem Oktober auch zu anderen Geschichten in diesem Jahr ihren Ort finden kann. Ebenso schenkt uns Beate Jöst im Kapitel »Wege im Advent« die Bastelanleitung für eine Lutherfigur. Auch diese Figur kann schon eher gebastelt werden und den Kindergottesdienst durch das Jahr begleiten.
Mein herzlicher Dank geht an alle, die an diesem Band mitgewirkt haben, für ihre Ideen, ihr Engagement, ihre Zeit und für ihre Geduld.
Allen Mitarbeitenden der Kirche mit Kindern wünsche ich viel Freude beim Entdecken, Auswählen und Durchführen. Gottes Segen möge auf Ihren Gottesdiensten und Aktionen liegen, sein Geist gebe Schwung und Fröhlichkeit, Kraft und Würze.

Ihre
Eva Forssman, Herausgeberin

Die Weisen aus dem Morgenland

01.01.2017
(Neujahrstag)
Die Weisen aus dem Morgenland
(Matthäus 2,1-12)

Nur das Matthäus-Evangelium überliefert uns die Geschichte von den Weisen aus dem Morgenland. Sie sind in dieser Erzählung nicht zu dritt und auch keine Könige. Ihre Namen sind uns unbekannt. Erst im 3. Jh n. Chr. sprach der Kirchenvater Tertullian von Königen und schloss von den drei genannten Geschenken darauf, dass sie zu dritt unterwegs gewesen sein müssen. Fünfhundert Jahre später tauchen zum ersten Mal ihre Namen auf, wie wir sie heute kennen: Caspar, Melchior und Balthasar. Im Hochmittelalter sah man sie als Vertreter der damals bekannten Erdteile Asien, Europa und Afrika an und schrieb ihnen unterschiedliche Lebensalter zu: junger Mann, Erwachsener und alter Mann.

Die Sterndeuter bringen wertvolle Geschenke, Gold, Weihrauch und Myrrhe, und beten den neuen König an. Diese Huldigungsszene erinnert an Psalm 72, der König Salomo zugeschrieben wird. Dort beschreibt der Beter, wie Könige von überall her mit Geschenken kommen und vor dem König Israels niederfallen, weil er ein gerechter König ist und den Armen und Bedrängten beisteht.

Die Weisen sind auf der Suche nach diesem neuen »König der Juden«. Als Sternenkundige haben sie seinen Stern gesehen, vermutlich eine außergewöhnliche Sternkonstellation mit Jupiter (Königsstern) und Saturn (Schutzstern des jüdischen Volkes), über die auch andere antike Schriftsteller berichtet haben. Gott stellt mit diesem »neugeborenen König der Juden« die Verhältnisse auf den Kopf. Nicht im Palast in der Hauptstadt, sondern in einem schlichten Haus in einer kleinen Ortschaft neben Jerusalem wird er geboren. Sein Name ist Programm: Jesus bedeutet »Gott hilft«.

Heute ist die Geschichte von den Weisen aus dem Morgenland den Kindern vor allem präsent durch die Sternsinger-Aktion der katholischen Kirche, die an vielen Orten ökumenisch begangen wird. Mehr dazu unter www.sternsinger.de

Liturgische Gestaltung

Zusammenkommen – sich Gott zuwenden

Psalmübertragung zu Psalm 72, umrahmt mit EG 37,1

Lied: Ich steh an deiner Krippen hier (EG 37,1)

Ein König bist du, ein Friedenskönig. Du bist gut und gerecht.
Du richtest die auf, die von anderen unterdrückt werden.
Du stellst dich an ihre Seite.
Ein König bist du, ein Friedenskönig. Du hilfst den Armen.
Du hast ein weites Herz und sorgst für dein Volk.
Die Herrscher der Welt wundern sich über dich. Sie bewundern deine Güte.
Sie rufen: »Lang lebe der Friedenskönig!«
Sie bringen Geschenke und verneigen sich vor dir.

Lied: Ich steh an deiner Krippen hier (EG 37,1)

Lied: »Wisst ihr noch, wie es geschehen« (EG 52, als Erzähllied)
Eine Mitarbeiterin singt die Verse und unterstützt einzelne Worte durch Gesten, alle singen die letzte Verszeile gemeinsam. So könnte es aussehen:

MA: Wisst ihr noch, wie es geschehen?
Immer werden wir's erzählen:
(Hände wie Trichter an den Mund legen)
wie wir einst den Stern gesehen
(MA blickt nach oben, hält die rechte Hand wie ein Vordach über die Augen)
mitten in der dunklen Nacht.
Alle: Mitten in der dunklen Nacht

Kurzgeschichte

Johannes und der Königsstern

Die Kumquat-Puppe Johannes, »bedient« von einer Mitarbeiterin, und ein weiterer Mitarbeiter, im Text Marvin, entdecken einen besonders hellen Stern. Das Anspiel kann neugierig machen auf die biblische Geschichte.
Im Altarraum steht auf einer Staffelei oder einem stabilen Notenständer ein »Fenster«. Das Fenster besteht aus einem großen Bilderrahmen. Das gerahmte Bild besteht aus einem blauschwarzen Karton mit vielen kleinen Sternen und einem großen Stern mit Schweif. Das Bild ist noch mit einem Tuch, das als Vorhang dient, verhängt. Als weitere Requisite wird ein Fernrohr gebraucht.

Marvin tritt auf und ruft.
Marvin: Johannes, bist du schon bettfertig? Hast du schon Zähne geputzt?
Johannes kommt dazu.
Johannes: Du, Marvin, komm doch erst einmal mit ans Fenster. Ich muss dir was zeigen.
Marvin: Aber Johannes, es ist doch schon spät heute. Zeit, ins Bett zu gehen.
Johannes: Ja, spät ist es schon, aber es muss ja auch spät sein, sonst sehen wir doch gar nichts.
Marvin: Johannes, was willst du denn draußen sehen? Es ist doch stockdunkel!
Johannes: Es muss doch auch stockdunkel sein. Erst dann sehen wir ihn doch so richtig.
Marvin: Wen sehen wir dann, Johannes?
Johannes: Na, den Stern, Marvin. Den will ich dir doch schon die ganze Zeit zeigen! Jetzt komm endlich mit zum Fenster!
Marvin: Na gut, aber nur ganz kurz, ja?!
Beide gehen zum »Fenster«.
Johannes: Ich hole jetzt schon mal mein Fernrohr und du machst den Vorhang auf.
Marvin nimmt das Tuch weg und macht so den Vorhang auf.
Marvin: (*staunt*) Oh, guck mal, so viele Sterne am Himmel!
Johannes: Ja, und der eine da, der funkelt besonders. Ein echter Karfunkelstern! Willst du auch mal durch mein Fernrohr gucken?
Marvin guckt durch das Fernrohr.
Marvin: Du hast recht. Da funkelt ein besonders heller Stern!
Johannes: Meinst du, das ist wieder so ein … so ein Königsstern?
Marvin: Was für ein Königsstern?
Johannes: Na, so einer wie damals! Als Jesus noch ein winziges Baby war. Du kennst doch die Geschichte!
Marvin: Du meinst, als die Weisen aus dem Morgenland den hellen Stern entdeckt haben?
Johannes: Ja, genau die Geschichte meine ich! Meinst du, das ist so ein Königsstern?
Marvin: Was wäre denn, wenn es so wär?

Johannes: Na, dann kann ich jetzt nicht ins Bett gehen und schlafen. Dann muss ich sofort Geschenke besorgen. Was hatten die damals dabei? Gold war das eine und Weihrauch und was war das dritte? Ach ich weiß, Gold, Weihrauch und Möhren!

Kreative Ideen

Sterne backen

Diese Sternkekse schmecken auch nach Weihnachten noch richtig lecker. Wir ersetzen eine Hälfte des Mehles durch Weizenvollkornmehl, dadurch bekommen die Plätzchen einen leicht nussigen Geschmack.

150g Weizenvollkornmehl und *150g Weizenmehl Typ 405* in eine Schüssel geben. *100g Puderzucker* und *1 Päckchen Vanillezucker* daruntermischen. Eine Mulde in die Mehl-Zuckermischung machen und *1 Ei* hineinschlagen. *100g kalte Butter* in dünne Scheiben schneiden und rund um das Ei verteilen. Alles mit einer (gewaschenen) Hand zu einem glatten Teig verkneten. Falls der Teil zu trocken ist, *1-2 Esslöffel Apfelsaft* dazugeben und verkneten. Den Teig auf einer bemehlten Arbeitsfläche nicht zu dünn ausrollen und mit unterschiedlichen *Sternförmchen* Kekse ausstechen und auf ein mit Backpapier ausgelegtes Backbleche legen. *Ein Eigelb* mit *1 Esslöffel Milch* verrühren und die Kekse mit einem Backpinsel bestreichen. Mit *Zuckerstreuseln* bestreuen. Bei 175°C ca. 12 Minuten backen.

Foto: Adelheid Neserke

Riechmemory

Die drei Weisen kommen aus dem Morgenland, vermutlich aus dem heutigen Iran und Irak. Ein Riechmemory führt die Kinder sinnlich in die Umwelt der Sterndeuter. In kleine Plastikbehälter mit Deckel werden Gewürze und Früchte gefüllt. Für den intensiven

Geruch ist es wichtig, die Gewürze und Früchte zu zerkleinern. Fürs Wiedererkennen ist die ursprüngliche Form hilfreich. Es eignen sich frische, in Scheiben geschnittene Ingwerwurzel, Orangenspalten, Zimtstangen und gemahlener Zimt, Nelken und gemahlene Nelken, frischer, gehackter Koriander, Knoblauchzehe und gehackter Knoblauch, Zwiebel und gehackte Zwiebel. Jeweils zwei Becher enthalten das Gleiche. Die Kinder haben die Aufgabe, die gleichen Gewürze bzw. Früchte zu erkennen.

Gold, Weihrauch und Myrrhe

Als Gesprächsimpuls: Sehen, fühlen, riechen – was ist königlich daran? Von den drei Geschenken der Sterndeuter ist Myrrhe am wenigsten bekannt. Als Myrrhe wird das Harz der Commiphoren-Bäume bezeichnet, die in trockenen Gebieten Afrikas und Arabiens wachsen. Die orangebraunen Harzstückchen duften aromatisch und sind in der Medizin wegen ihrer entzündungshemmenden Wirkung geschätzt. Weihrauch ist ebenfalls ein Harz und wird vom Weihrauchbaum gewonnen. Der Rauch des verglühenden Weihrauchs wurde schon im alten Ägypten in religiösen Zeremonien verwendet und wird noch heute im Gottesdienst in der katholischen Kirche eingesetzt. Myrrhe und Weihrauch sind in der Apotheke erhältlich. Die mögliche Bedeutung der drei Geschenke wandelte sich durch die Jahrhunderte. Welche Ideen haben die Kinder?

Und sie öffneten ihre Schätze

Welche Schätze haben wir in unseren Taschen? Was würden wir Jesus schenken wollen? Wir bekleben und verzieren eine kleine Pappschachtel und machen daraus unsere Schatzkiste. Dahinein legen wir einen Zettel, auf dem wir gemalt oder geschrieben haben, was wir Jesus schenken würden.

Nicht nur Geschenke – ein Segenswort begleitet uns durchs Jahr

Wir sammeln im Vorbereitungskreis Segensworte aus der Bibel, die uns wichtig sind und uns im neuen Jahr begleiten können. Im Kindergottesdienst stellen wir sie den Kindern vor. Die Kinder können sich ein »gutes Wort« aussuchen und auf eine Karte schreiben und diese schön gestalten.

Foto: Adelheid Neserke

Stichworte:

Stern, König, Friede, Geschenke

Adelheid Neserke

Johannes der Täufer

08.01.2017
(1. Sonntag nach Epiphanias)
Ankündigung der Geburt
(Lukas 1,5-25.39-45)

15.01.2017
(2. Sonntag nach Epiphanias)
Die Geburt des Johannes
(Lukas 1,57-80)

22.01.2017
(3. Sonntag nach Epiphanias)
Johannes der Täufer
(Lukas 3,1-22)

In der Lebensgeschichte Johannes des Täufers erleben die Kinder verschiedene Stationen mit, in denen Gottes Wirken zu erkennen ist.
Die biblischen Texte werden erzählt und legen für jeden Sonntag einen Schwerpunkt nahe.

1. Sonntag nach Epiphanias: Die Eltern Zacharias und Elisabeth mit ihren Sehnsüchten, Hoffnungen und Problemen. Die vom Engel verordnete Stummheit des Zacharias ist das äußere Zeichen für den inneren Zweifel und wird erst mit der Geburt aufgelöst.

2. Sonntag nach Epiphanias: Die wundersamen Ereignisse rund um die Geburt des Johannes stehen im Mittelpunkt: der ungewohnte Name Johannes (das bedeutet: »Der Herr ist gnädig«), der nicht aus der Familie, sondern von Gottes Engel stammt. Das Erstaunen der Leute und die wiedergefundene Sprache des Zacharias. Diese findet ihren Ausdruck im Lobgesang des Zacharias und vermutlich auch einem Fest.

3. Sonntag nach Epiphanias: Nun steht Johannes der Täufer als Erwachsener im Mittelpunkt. Er ist als Wanderprediger unterwegs, prangert die Ungerechtigkeiten zwischen Reichen und Armen an und will die Menschen zum Umkehren bewegen. Als Zeichen für diese Umkehr zu Gott und zugleich zu den Mitmenschen tauft Johannes mit Wasser im Jordan. Eines Tages ist Jesus unter den Täuflingen. Bei dieser Taufe kommt eine Taube als Bote Gottes und macht die besondere Stellung Jesu deutlich. Von nun an wird Jesus die gute Botschaft von der Liebe Gottes den Menschen erzählen. Durch die Taufe Jesu hat Johannes seine Aufgabe erfüllt und Gottes Plan ausgeführt. Deshalb bekommt er den Beinamen »Johannes der Täufer«.

Liturgische Gestaltung

Zusammenkommen – sich Gott zuwenden

Zacharias hat über die Geburt des Johannes ein Loblied angestimmt. In Erinnerung daran werden die Eingangsgebete für alle Sonntage in ein Loblied eingebettet. Sie beginnen und enden mit dem gemeinsam gesungenen Lied »Ich lobe meinen Gott von ganzem Herzen« (EG 272). Dazwischen wird der jeweilige Text von einer/m gesprochen.

1. Sonntag nach Epiphanias
Gott, wir danken dir, dass du unsere Sorgen und unsere Wünsche hörst.
Wir bitten dich: Gib uns Geduld, wenn wir warten müssen.
Gib uns Kraft, wenn wir mutlos sind.
Gib uns Hoffnung, wenn manches lange dauert.

2. Sonntag nach Epiphanias
Gott, wir danken dir, dass du uns wunderbar gemacht hast.
Jede und jeder von uns hat seinen eigenen Namen und einen ganz besonderen Platz in der Welt.
Schenke du uns Freude am Leben und viele Freunde, mit denen wir uns freuen können.

3. Sonntag nach Epiphanias
Gott, wir danken dir, dass du uns auf allen Wegen begleitest.
Wir bitten dich: Sei bei uns bei schwierigen Aufgaben.
Hilf uns, anderen zu helfen und miteinander zu teilen.
Fülle du uns mit deiner Kraft.

Sendung – Segen

Weil die Namen in dieser Geschichte eine so große Rolle spielen und Gott uns bei der Taufe bei unserem Namen gerufen hat, wird die Melodie des bekannten Spirituals »Kumba yah, my Lord« mit den Namen der Kinder und dem Segenswunsch verbunden. Dazu stehen alle im Kreis. Gemeinsam wird das Lied gesungen und reihum der Namen der Anwesenden eingefügt, bis alle genannt wurden. Wenn der eigene Name genannt wird kann man auch gern stumm zuhören und sich den Segen zusingen lassen. Bei ein- oder zweisilbigen Namen müssen die Namen etwas gedehnt werden, damit sie zur Melodie passen.

Lied: Kumba yah, my Lord

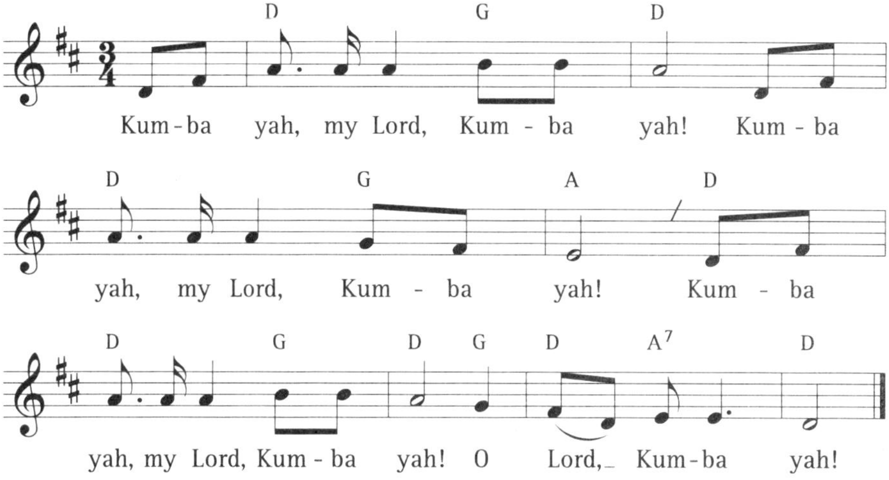

Wort und Weise: Gospel

Neuer Text auf alte Melodie:
»Und Gott segne dich, MELANIE, und Gott segne dich, MICHAEL, und Gott segne dich, LISA; nimm den Segen mit nach Haus.«

Kurzgeschichte

Die Geschichte kann zum Einstieg für die Bedeutung von Namen erzählt werden.

Das große Museum mit den vielen Bildern war immer wieder Ziel eines Sonntagsausfluges der Familie. Meistens betrachteten sie nur einige Räume, denn es waren sehr viele Bilder. Aber am Ende drängte das kleine Mädchen immer wieder zu einem alten Bild. »Gehen wir noch zur Dorothea?«, fragte sie jedes Mal. Denn das Bild der Heiligen Dorothea war ein ganz besonderes Bild für sie. Warum? Dorothea war wunderschön in einem langen Kleid mit einem Blumenkorb in der Hand. Aber das Besondere war: sie war ihre Namensschwester! Das hatte ihr die Mutter erzählt, als sie staunend vor dem Bild gestanden hatte. »Aber warum, ich heiße doch gar nicht Dorothea!«, hatte sie erstaunt ausgerufen – so laut, dass der Museumswärter kam und um Ruhe bat. Leise erzählte ihr die Mutter dann: »Du heißt mit zweitem Vornamen Dorothea. Wir haben diesen Namen extra ausgesucht. Aber das erzähle ich dir zuhause in Ruhe.« Gespannt wartete das kleine Mädchen auf die Erklärung am Abend: »Der Name ›Dorothea‹ bedeutet ›Gottesgeschenk‹. Wir haben dich so genannt, weil du unser erstes Kind bist, das Gott uns geschenkt hat. Aber weil du so einen langen Familiennamen hast, haben wir dir lieber einen kurzen Vornamen als ersten Namen gegeben.« »Ja, das kann ich schneller schreiben«, sagte das Mädchen, »aber Dorothea gefällt mir auch. Das ist ein schöner Name.«

Kreative Ideen

1. Sonntag nach Epiphanias

Um die Schwierigkeit der Stummheit des Zacharias etwas nachzuempfinden, werden pantomimische Spiele ohne Worte gespielt. Dafür sitzen alle im Kreis.

1. Berufe raten: Ein Kind macht eine charakteristische Handbewegung für einen Beruf und die anderen raten.
2. Sportarten raten: Ein Kind spielt ein Sportart und die anderen raten.
3. Stummes Orchester: Ein Kind wird hinausgeschickt. Die anderen bestimmen einen Dirigenten, der jeweils pantomimisch ein Instrument spielt. Alle anderen Kinder müssen dasselbe Instrument nachspielen. Der Dirigent wechselt immer wieder die Instrumente. Das hereingerufene Kind muss nun den Dirigenten erraten.

2. Sonntag nach Epiphanias

Aus den Namen und ihrer Bedeutung basteln wir einen Namenswürfel.

Material: Würfelvorlage aus dickerem Papier, Stifte, Schere, Klebstoff, Namenslexikon

Weil Zacharias den Namen seines Sohnes vermutlich zuerst in hebräischer Sprache/Schrift aufgeschrieben hat und der Evangelist Lukas dann in griechische Sprache/Schrift, stehen sie beide auf dem Würfel. Die Namen der Kinder und ihre Bedeutung werden auf die leeren Felder geschrieben. Dabei stehen der Name und dessen Bedeutung jeweils auf den entgegengesetzten Würfelseiten. Vielleicht hat ja ein Kind auch einen Vornamen, der in einer anderen Schrift geschrieben wird? Für die Bedeutung der Namen braucht man ein Namenslexikon oder eine Internetrecherche.

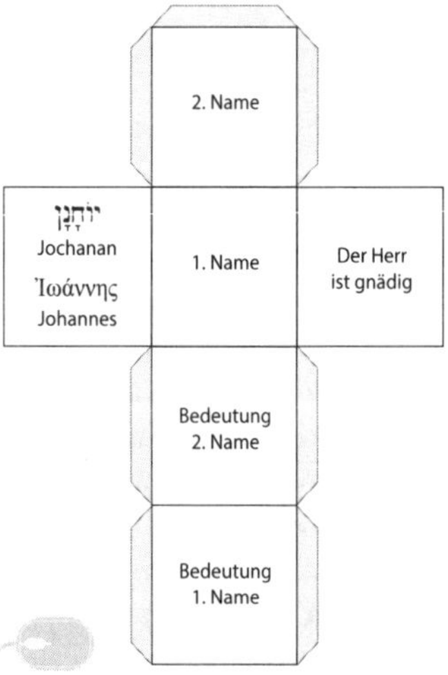

Zeichnung: Ute Biedenbach

3. Sonntag nach Epiphanias

Johannes der Täufer hat die Menschen zur Umkehr gerufen und dann getauft. Bei uns ist das meist umgekehrt: Wir werden getauft und versuchen dann, unser Leben als Christen zu leben. Welche Auswirkungen das haben kann, zeigt folgende Idee:

Material: Taufkerze, blaues Tuch, Teelichte, blaues Krepppapier in Streifen geschnitten

In die Mitte wird eine Taufkerze auf ein blaues Tuch gestellt und angezündet. Rundherum stehen in einem Abstand Teelichte, für jedes Kind eines. Jedes Kind bekommt ein blaues Krepppapierband. Wir überlegen gemeinsam, was es für uns bedeutet, getauft und von Gott begleitet zu sein. Dann darf jedes Kind ein blaues Band (Symbol für Taufwasser) von der Kerze nach außen legen und das Teelicht am Rand anzünden.

Idee für ein kleines Festmahl:

Die Johannisbeeren haben ihren Namen vom Johannistag am 24. Juni, dem Geburtstag Johannes des Täufers. Da es im Januar keine frischen Johannisbeeren gibt, kann man auf Johannisbeergelee zurückgreifen und Baguettescheiben damit bestreichen. Als Getränk gibt es Johannisbeersaft, eventuell mit Wasser oder Mineralwasser mischen.

Stichworte:

Johannes der Täufer, Taufe, Geburtsgeschichte, Verstummen, Taube, Name

Ute Biedenbach

Nichts und niemand geht verloren!
Gleichnisse bei Lukas

29.01.2017
(4. Sonntag nach Epiphanias)
Das wiedergefundene Schaf
(Lukas 15,1-7)

05.02.2017
(Letzter Sonntag nach Epiphanias)
Der wiedergefundene Groschen
(Lukas 15,8-10)

12.02.2017
(Septuagesimä)
Der wiedergefundene Sohn
(Lukas 15,11-32)

Didaktische Klammer

Die Gleichnis-Trilogie im Lukasevangelium erzählt von Grunderfahrungen des Lebens: dem Suchen – dem Finden – und der Freude darüber. Ausschlaggebend für diese Erzählungen Jesu war dessen unkonventioneller Umgang mit damals gesellschaftlich Ausgegrenzten, z.B. Zöllnern. Unfassbar ist dabei für die anwesenden Pharisäer und Gesetzeslehrer die Tischgemeinschaft Jesu mit diesen Menschen.

Im Zentrum der Gleichnisse steht Gottes Handeln für uns Menschen. Jeder Einzelne ist Gott so wertvoll, dass dieser sich auf die Suche macht und Rückkehrer mit offenen Armen empfängt. So groß ist die Freude bei Gott und seinen Engeln über Gefundene und Heimkehrer, dass davon andere erfahren müssen und ein Fest ausgerichtet wird. Jesus zeigt durch sein eigenes Handeln an Sündern und Zöllnern, wie sich Gott dem verloren Geglaubten zuwendet. Gott sucht die Begegnung und hat Freude daran. Die Zuhörer der Gleichnisse sind eingeladen, diese Freude zu teilen. Wo dies geschieht, ist das Reich Gottes bereits angebrochen.

Jesus erzählt diese Grundaussagen mit drei Beispielen. Genannt werden der Hirte mit dem verlorenen Schaf, die Frau mit der verlorenen Drachme und der barmherzige Vater mit dem verlorenen Sohn. Obwohl die Geschichten aus dem damaligen Alltagsleben erzählen, können Kinder dazu Bilder entwickeln. Sie können wahrscheinlich auch von eigenen Erfahrungen des Suchens und Findens berichten. Vielleicht haben einige sogar die Erfahrung gemacht, selbst verloren gegangen und wiedergefunden zu sein.

Die hier beschriebenen Ideen für drei Gottesdienste stellen am 4. Sonntag nach Epiphanias die »Suche«, am letzten Sonntag nach Epiphanias das »Finden« und an Septuagesimä die »Freude und Feier« in den Mittelpunkt.

Liturgische Gestaltung

Zusammenkommen – sich Gott zuwenden

Votum

Wir feiern diesen Gottesdienst im Namen des Vaters, der sich über jeden Mensch freut, der zu ihm findet. Im Namen des Sohnes Jesus Christus, der in vielen Geschichten von Gottes Suche nach den Menschen erzählt hat. Und im Namen des Heiligen Geistes, mit dem wir heute unsere Freude feien, dass wir zu Gott gehören. Amen.

Eingangsgebet

Suchen und Finden, das kennen wir alle. Etwas ist verloren und muss gefunden werden. Oder wir selbst sind schon einmal verloren gegangen und mussten erst wiedergefunden werden. Niemand soll verloren gehen. Gott, du machst dich auf zu uns und willst bei uns sein. So sei du jetzt auch hier, wenn wir gemeinsam Geschichten von dir in diesem Gottesdienst suchen und finden. Amen.

Lied: Mit offenen Armen

2. Mit offenen Armen kommst du uns entgegen,
wir sind nicht allein auf unseren Wegen.
Wir sind deine Kinder, ob groß oder klein,
du hüllst uns im Mantel der Liebe ein.

3. Mit offenen Armen kommst du uns entgegen,
wir sind nicht allein auf unseren Wegen.
Wir sind deine Kinder, ob groß oder klein,
du schließt uns ganz in deinen Segen ein.

Text und Musik: Albert Wieblitz, alle Rechte beim Autor, KIMMIK 1, 24

Schlussgebet

(jeweils Abschnitt 1 + 4 am 1. Sonntag, Abschnitt 1, 2 + 4 am 2. Sonntag, Abschnitt 1-4 am 3. Sonntag)

Gott, du machst dich wie der Hirte auf den Weg, um uns zu suchen. Kein Weg ist dir zu weit. Mit deinen starken Armen trägst du uns nach Hause, wenn wir uns verlaufen haben. Danke!

Kehrvers: Mit offenen Armen, Vers 1

Gott, du machst dein Haus hell und kehrst in jedem Winkel, um uns zu finden, wie die Frau ihre Drachme sucht. Kein Winkel ist dir zu klein. Mit Sorgfalt suchst du nach uns, auch wenn wir noch so klein sind. Danke!

Kehrvers: Mit offenen Armen, Vers 1

Gott, du öffnest uns dein Haus wie ein Vater und heißt uns willkommen. Auch wenn wir uns weit von dir entfernt haben und eigene Wege gegangen sind. Weit breitest du deine Arme aus und nimmst uns wieder auf. Danke!

Kehrvers: Mit offenen Armen, Vers 1

Gott, wie groß ist deine Freude über jeden, der zu dir kommt. Wir alle können uns freuen über jeden Menschen, der dir begegnet und mit dir leben möchte. Lasst uns gemeinsam fröhlich sein. Lass uns das Feiern nicht vergessen. Lass uns offen und einladend auf andere Menschen zugehen, damit sie dich kennenlernen und sich nicht verloren fühlen.

Kehrvers: Mit offenen Armen, Vers 1-3.

Amen.

Liedvorschläge:

Mit offenen Armen (KIMMIK 1, 24), Du machst alles neu (KIMMIK 2, 261), Komm sag es allen weiter (KG 204), Wir sind eingeladen (KG 205), In deinem Arm geht es mir gut (KG 109)

Kurzgeschichte

Jannik erzählt: Endlich ist es Samstagmorgen. Heute ist keine Schule. Ich bin schon früh aufgestanden und will mir heute Zeit nehmen für meine neue Hasenfamilie. Unsere Häsin Ida hat Junge bekommen. Es ist jetzt drei Wochen her und die Jungen sind schon kräftig gewachsen. Jetzt hoppeln in unserem Freigehege sechs Hasen herum. Heute Nachmittag werden Oma und Opa zu Besuch kommen und die neuen Hasenkinder das erste Mal sehen. Als Erstes werde ich allen heute Morgen frisches Wasser geben.

Ich komme in unserem Garten zum Freigehege. Darin sitzen die Hasen und knabbern am Gras. Doch halt, was sehe ich, da ist ein Loch in der Erde am Zaun des Geheges. Sollte etwa einer der Hasen ausgebüchst sein? Ida, die große Häsin ist noch da. Schnell zähle ich die Hasenkinder: 1,2,3,4,5 ... Aber wo ist Flitzi?

Der kleine buntgescheckte Hase war immer besonders schnell. Deshalb heißt er Flitzi. Schnell stelle ich einen Holzklotz auf das Erdloch und mache mich auf die Suche. Ich schaue hinter den Schuppen, zwischen allen Büschen und Stauden. Weit kann Flitzi noch nicht gekommen sein. Meine letzte Hoffnung sind die Salatköpfe im Gemüsebeet, aber auch da ist Flitzi nicht zu finden. Hoffentlich ist er nicht einem Fuchs oder Habicht begegnet.

Schnell gehe ich um unseren Garten herum zum Bach. Hier wächst viel saftiger Löwenzahn, der würde Flitzi sicherlich schmecken. Aber auch hier bewegt sich nichts zwischen den grünen Blättern. Über die Wasserfläche kann Flitzi nicht gesprungen sein, dazu ist der Bach zu breit.

Also gehe ich wieder zurück zur Straße und blicke nach rechts und links. Welche Richtung mag Flitzi eingeschlagen haben? Auf der rechten Seite kommt in zweihundert Metern die Hauptstraße mit viel Verkehr. Das wäre gefährlich für so einen kleinen Hasen. Ich sprinte los und versuche, gleichzeitig in die Nachbarsgärten zu spähen. Vielleicht frühstückt Flitzi ja dort.

In fünfzig Metern Entfernung sehe ich drei Spaziergänger mit ihren Hunden an einem geparkten Auto stehen. Als ich näherkomme, erkenne ich unsere Nachbarin Frau Späth. Die Hunde stehen um das Auto herum. Sie bellen und zerren an ihren Leinen. Als ich näherkomme, sagt Frau Späth zu mir: »Hallo, Jannik, gut, dass du kommst. Schau doch mal unter das Auto. Da muss sich ein Tier verstecken. Das wittern die Hunde.« Ich kniee mich auf den Gehsteig und schaue unter das Auto. Da sitzt er in sich zusammengekauert und zitternd: Flitzi! Erleichtert rufe ich: »Das ist Flitzi, der ist bei uns ausgebüchst.« Frau Späth bindet ihren Dackel am Zaun fest und kniet sich auf die andere Autoseite. Sie scheucht Flitzi mit ihren Händen in meine Richtung. Ich packe schnell zu, dann habe ich ihn in meinen Armen: den kleinen, zitternden Hasen. Ich drücke ihn an mich. Flitzi ist gefunden! Ich bedanke mich bei den Hundebesitzern und laufe heim.

Ich bin so erleichtert, dass die Hasenfamilie nun wieder komplett ist. Behutsam setze ich Flitzi in das Freigehege. Hasenmama Ida kommt herbei und schnuppert an Flitzi. Ich glaube, sie freut sich auch, dass ihr Junges wieder da ist. Zur Feier des Tages hole ich frische Karotten. Alle knabbern sofort daran. Das ist ein Festmahl für die Hasenfamilie. Und ich freue mich noch mehr: Heute Nachmittag, wenn Oma und Opa zum Kaffeetrinken kommen, kann ich ihnen alle sechs Hasen zeigen.

Kreative Ideen

Bastelidee Engelleporello zu »Freude im Himmel – Suchen – Finden – Freude auf Erden«

Foto: Annette Deyerl

Am 4. Sonntag nach Epiphanias entsteht ein von jedem Kind gebastelter, sich freuender Engel. Als Grundform dient die groß kopierte Engelsform aus festem Papier, die mit Wolle, Stoff, buntem Papier und Stiften zu einem lachenden Engel gestaltet wird. Auf die Flügel wird »Freude im Himmel« (Lk 15,7) geschrieben. In Ergänzung wird der Suchbildengel für jedes Kind kopiert, den dieses dann ausschneidet und die darin gefundenen Gegenstände bunt markiert.

Zeichnung: Annette Deyerl

Am letzten Sonntag nach Epiphanias findet jedes Kind die drei Gegenstände aus den Gleichnissen auf seinem »Reibebild«-Engel. Die Schablonen (Schaf, Münze, Sohn) werden im Vorfeld aus festerem Papier (mind. 160 g/qm) oder Karton ausgeschnitten und auf einen Karton geklebt.

Nun kann jedes Kind ein Blatt Papier auf diesen Karton legen und mit Buntstiften darüber schraffieren. Allmählich kommen die drei Gegenstände aus den Gleichnissen zum Vorschein. Der sich freuende Sohn kann schon als Hinweis auf den nächsten Sonntag angekündigt werden. Es empfiehlt sich, im Vorfeld mehrere Schablonen zu erstellen, damit keine langen Wartezeiten beim Reiben entstehen.

Am Sonntag Septuagesimä entsteht ein »Herzlich Willkommen«-Engel. Jedes Kind malt sich selbst und dazu eine Person, bei der es herzlich willkommen ist und die es mit offenen Armen aufnimmt, z.B. einen Elternteil oder einen Freund. Hier wird am unteren Rand des Engels die Aussage »Freude auf Erden« geschrieben.

Zeichnung: Annette Deyerl

Spielideen

- Eine Silbermünze wird im Raum versteckt und soll gefunden werden. Hier empfiehlt es sich, nicht alle Kinder auf einmal suchen zu lassen, sondern mehrere Durchgänge zu machen. Nur dann hat jedes Kind tatsächlich die Chance, die Münze zu finden.
- Zwei bis drei Kinder stellen hinter einer hochgehaltenen Decke ein Standbild, das alle Kinder für ca. 20 Sekunden sehen dürfen. Nun wird die Decke wieder hochgenommen und das Standbild in einem Detail geändert (z.B. eine Person kniet, statt zu stehen, ein T-Shirt wird aus dem Hosenbund gezogen). Nun sehen alle wieder das Standbild und überlegen, was sich verändert haben könnte.

Feier

Am Sonntag Septuagesimae kann ein Willkommensfest gefeiert werden, bei dem jeder Gast besonders herzlich begrüßt wird.

Stichworte:

Verlieren, Finden, Suche, Freude, Gott sucht uns, Gemeinschaft, Feiern

Annette Deyerl

Aufbrechen und Ankommen
Rut und Noomi finden eine Heimat

19.02.2017
(Sexagesimae)
Heimatlos werden
(Rut 1,1–6)

26.02.2017
(Estomihi)
Eine neue Heimat suchen
(Rut 1,6–18)

05.03.2017
(Invocavit)
Ankommen
(Rut 1,19–22 und 2 i.A.)

12.03.2017
(Reminiscere)
Ein neues Zuhause finden
(Rut 3 und 4)

Didaktische Klammer
Diese Kindergottesdiensteinheit durchziehen zwei Elemente wie ein roter Faden: das Wege-Motiv und das Symbol Brot. Daher stehen sie bei diesen Bausteinen auch im Fokus.

Die biblische Geschichte von Naomi und Rut nimmt ihren Anfang in Bethlehem und endet auch wieder dort. Bethlehem heißt übersetzt: Haus des Brotes. Hier ist es Ausgang und Eingang, Anfang und Ende. In Bethlehem verbindet sich die alttestamentliche Geschichte von Rut mit der neutestamentlichen von Jesu Geburt.

Liturgische Gestaltung

Zusammenkommen – sich Gott zuwenden

Votum

Über uns ist ausgerufen der Name Gottes.
Gott, du zeigst dich uns
als Quelle allen Lebens,
als Brot des Lebens,
als Kraft auf allen Wegen.
So sei es – Amen.

Feiern – Teilen

Das Lied »Auf vielen Wegen gehen wir im Leben« singt von der Vielfalt der Wege, die wir im Leben gehen. Die Wege sind im Lied mit unterschiedlichen Gefühlen verbunden. Jeder Vers endet mit der hoffnungsvollen Zusage: »Türen gehen auf, freue dich darauf!«

Lied: Auf vielen Wegen

2. /: Auf vielen Wegen gehen wir im Leben :/
Manchmal ist es dunkel, manchmal ist es hell.
Türen gehen auf, freue dich darauf!

3. /: Auf vielen Wegen gehen wir im Leben :/
Manchmal fließen Tränen, manchmal gibt es Lachen.
Türen gehen auf, freue dich darauf!

4. /: Auf vielen Wegen gehen wir im Leben :/
Manchmal voller Angst, manchmal mit viel Mut.
Türe gehen auf, freue dich darauf!

Wir singen das Lied gemeinsam und erzählen einander von eigenen Weg-Erfahrungen. Dazu können die Kinder ihren Weg auf ein Blatt zeichnen und mit entsprechenden Farben die jeweiligen Gefühle eintragen.

Wir überlegen gemeinsam:

- Wo stehen oder gehen Rut und Naomi jetzt gerade?
- Welche Gefühle werden sie bestimmen?
- Können sie die offene Türe schon sehen oder erahnen?
- Woher bekommen Rut und Naomi Kraft und Stärke, um ihren Weg weiterzugehen?

Die biblische Geschichte verweist uns auf Brot (Bethlehem = Haus des Brotes) als Stärkung und Hoffnungsträger.

Auch wir brauchen Kraft und Stärkung für unsere Wege. So reichen wir einander Brot und singen dazu »Nimm das Brot, stärke dich«. Wenn alle ein Stückchen Brot bekommen und weitergereicht haben, wird es gemeinsam geschmeckt und gegessen. (Wer möchte, kann hier einen Bezug zum Abendmahl herstellen.)

Lied: Nimm das Brot und stärke dich

Text: Hans-Jürgen Netz, Musik: Reinhard Horn, aus: Buch/CD-Paket »Kinder-Kirchen-Hits«, © KONTAKTE Musikverlag, Lippsatdt

Sendung – Segen

Segen

Gott, du Quelle allen Lebens, ermutige uns, uns immer wieder auf den Weg zu machen.
Gott, du Brot des Lebens, stärke uns für unseren Weg.
Gott, du Kraft auf allen Wegen, begleite uns und führe uns zu unserem Ziel.
So sei es – Amen.

Kurzgeschichte

Hans im Glück – ein Märchen um einen jungen Mann, der sich auf einem weiten Weg immer wieder neu auf Situationen einlässt und ihnen etwas Gutes abgewinnt:

Hans hat sieben Jahre fleißig bei seinem Meister gearbeitet und erhält zum Abschied seinen Lohn: einen Klumpen Gold so groß wie sein Kopf. Als er auf seiner Heimreise einem Reiter begegnet, wünscht er sich, auch so leicht und unbeschwert voranzukommen. Und so tauscht er seinen Goldklumpen gegen das Pferd ein. Leichten Herzens setzt er seinen Weg fort. Auf diesem begegnet er immer wieder Menschen, die etwas bei sich haben, das ihm geeigneter und wünschenswerter erscheint als das, was er selbst dabei hat. So tauscht Hans das Pferd gegen eine Kuh, die Kuh gegen ein Schwein, das Schwein gegen eine Gans und die Gans schließlich gegen einen Schleif- und Feldstein. Als er sich erschöpft an einem Brunnen niederlässt und trinken will, fallen beide Steine in den Brunnenschacht. Man könnte meinen, Hans wäre über den Verlust traurig oder gar verzweifelt. Nein, er ist voller Freude und dankt Gott dafür, dass ihm die Last abgenommen ist. Unbeschwert zieht er seiner Wege bis nach Hause.

Original von den Gebrüdern Grimm, hier zusammengefasst und nacherzählt von Susanne Betz

Kreative Ideen

Rut und Naomis Weg legen und gehen (Spirale)
Mit Tüchern, Steinen und anderem geeigneten Material wird der Weg der beiden Frauen von Moab nach Bethlehem in Form einer Spirale gelegt. Dabei kann das Material in

seiner Beschaffenheit und Farbe, die Gefühlswelt von Rut und Naomi deutlich machen (z.B. schwarzes Tuch für Tod/Trauer, blaues Band für Vertrauen, Sterne für Lichtblicke …). In der Mitte der Spirale, also im Ziel, steht eine Schale mit Getreidekörnern. Je nach Größe der Spirale können ein oder mehrere Kinder den Weg nachgehen. Dabei singen alle den Kanon »Ausgang und Eingang, Anfang und Ende liegen bei dir, Herr, füll du uns die Hände« (EG 175). In der Mitte der Spirale, also am Zielpunkt des Weges, steht ein Teller mit Brot oder eine Schale mit gerösteten Körnern. Wer dort ankommt, darf innehalten und sich stärken.

Foto: Susanne Betz

Brot backen in Ährenform

Einen Brot- oder Brötchenteig nach beliebigem Rezept herstellen oder fertig kaufen. Den Teig zu einer Rolle formen und auf eine bemehlte Fläche legen, mit Mehl bestäuben. Mit einer Schere in Abständen von einigen Zentimetern in einem Winkel von ca. 45 Grad schräg einschneiden (wichtig: nur einschneiden, nicht durchschneiden). Die eingeschnittenen Teigstücke abwechselnd nach rechts und links zur Seite legen, sodass die Form einer Ähre entsteht. Dann die Teigähren im Backofen backen, bis die Kruste anfängt zu bräunen. Mit Wasser besprühen und nochmals ca. 3 Min. goldbraun backen.

Foto: Susanne Betz

Stichworte:

Rut, Brot, Ähre, Getreidekörner, Stärkung, Weg, Spirale

Susanne Betz

In der Angst sind wir nicht allein
Passion bei Lukas

19.03.2017
(Oculi)
Gestärkt in Gemeinschaft
(Lukas 22,7-23)

26.03.2017
(Laetare)
Mit Gott reden gibt Kraft
(Lukas 22,39-46)

02.04.2017
(Judica)
Die Stunde der Dunkelheit
(Lukas 22,47-52)

09.04.2017
(Palmarum)
Beschuldigt und doch aufrecht
(Lukas 23,6-25)

14.04.2017
(Karfreitag)
In Gottes Händen gehalten
(Lukas 23,32-46)

Tag für Tag werden wir mit Dingen, Nachrichten oder Erlebnissen konfrontiert, die uns Angst machen oder uns bedrohlich erscheinen. Das Leid anderer Menschen macht uns genauso betroffen. Dieses löst eine Vielzahl von Gefühlen aus:

- Unverständnis
- Zorn
- Hilflosigkeit
- Trauer

So ähnlich muss es auch den Jüngern ergangen sein, als sie Jesus auf seinen letzten Wegen begleiteten. Dagegen stehen der geradlinige Weg Jesu ins Leiden, sein Mut und seine Unbeirrbarkeit. Er geht (s) einen Weg, der unausweichlich ist und den er annehmen muss. Trotzdem ist auch immer seine Angst gegenwärtig. Das macht Jesus ganz menschlich und lässt ihn ganz nah bei uns sein. In welcher Weise hat denn Jesu Weg mit unseren Wegen zu tun? Dem wollen wir in den Gottesdiensten dieser Reihe nachgehen.

Erfahrungen von persönlichem Leid, Angst vor dem Tod oder Furcht vor Katastrophen treffen uns Menschen immer wieder existentiell. Lukas beschreibt diese Gedanken bei den Menschen am Rande der Passionsgeschichte. Er zeigt aber auch einen Gott, der besonders den Menschen im Leid zugewandt ist. Gott spendet Trost und Kraft im persönlichen Leid und gibt Hilfe, diese Lebenssituationen zu bewältigen. Angst muss nicht zerstören, wenn ich jemanden habe, der mich begleitet und mich mit meiner Angst trägt. Deshalb ist die Passionsgeschichte nach Lukas auch eine Seelsorgegeschichte!

Menschliches Leid ist auch jüngeren Kindern nicht fern. Sie erleben es in ihren Familien, bei Freunden, in Kindergarten und Schule. Wenig Zuwendung in der Familie, Ausgrenzung in der Schule oder Kindergarten oder Krankheit sind existentielle Bedrohungen für Kinder. Die Hilflosigkeit vieler Erwachsener lässt bei den Kindern neue Fragen aufkommen. Da ist es keine Zumutung, wenn wir den Kindern den Leidensweg Jesu erzählen. Die Kinder solidarisieren sich mit dem leidenden Jesus. Auch die Hilflosigkeit und das Unverständnis der Jünger können sie nachvollziehen. Sie finden sich in den Texten dieser Einheit wieder und erfahren, dass Gottes Begleitung immer dabei ist. Deshalb sollten die Gottesdienste dieser Reihe als (Kreuz-)Weg gestaltet werden. Liturgische Elemente bilden die Klammer zwischen den einzelnen Gottesdiensten.

Liturgische Gestaltung

Zusammenkommen – sich Gott zuwenden

Psalmgebet nach Psalm 86

Lied: Ich bin bei euch

Text und Melodie: Wolfgang Longardt, © beim Autor

Eine(r): Manchmal brauche ich jemanden,
der mir den Weg zeigt und dem ich folgen kann.
Alle: Lied: Ich bin bei euch
Eine(r): Manchmal brauche ich jemanden,
der mir ein Zeichen gibt und mir die Richtung weist.

Alle:	Lied: Ich bin bei euch
Eine(r):	Manchmal brauche ich jemanden, der mir zuhört und mich versteht.
Alle:	Lied: Ich bin bei euch
Eine(r):	Manchmal brauche ich jemanden, der mir die Welt erklärt und mir ein Beispiel gibt.
Alle:	Lied: Ich bin bei euch
Eine(r):	Manchmal brauche ich jemanden, der mich aufrichtet und mit dem ich lachen kann.
Alle:	Lied: Ich bin bei euch

(als Kanon gesungen)

Sendung – Segen

Die Kinder »antworten« mit Bewegungen auf die einzelnen Segensbitten. Alle stehen dazu im Kreis.

Der Herr sei vor dir, um dir den rechten Weg zu weisen.	*Wir halten die Hände ausgestreckt vor uns.*
Der Herr sei neben dir, um dich in die Arme zu schließen und zu schützen.	*Wir halten die Hände hinter den Rücken* *unserer Nachbarn.*
Der Herr sei unter dir, um dich aufzufangen, wenn du fällst.	*Wir halten die Hände angewinkelt vor uns.*
Der Herr sei in dir, um dich zu trösten, wenn du traurig bist.	*Wir kreuzen die Arme vor der Brust.*
Der Herr sei um dich herum, um dich zu verteidigen, wenn Böses droht.	*Wir drehen uns um unsere Achse.*
Der Herr sei über dir, um dich zu segnen.	*Wir halten die Hände geöffnet nach oben.*
So segne uns Gott, der Vater, der Sohn und der Heilige Geist.	*Wir reichen uns die Hände.*
Amen.	*Wir verbeugen uns.*

Kurzgeschichte

Der Frühlingsausflug

Es war der erste Tag in diesem Jahr, an dem man morgens bereits die Vögel singen hörte. Es war Samstag und die ganze Familie saß zusammen am Frühstückstisch. Es lag etwas Besonderes in der Luft. War es der Frühling? Irgendwie zog es alle heraus, als Vater die Terrassentür öffnete. Den Schneiders nebenan schien es auch so zu gehen. Denn auch dort stand die ganze Familie in der Morgensonne im Garten.

»Ist das nicht ein herrlicher Frühlingstag?«, rief Paul Schneider zu ihnen herüber. »Wir machen eine Wanderung. Das schöne Wetter muss man einfach nutzen. Wäre das nicht auch etwas für euch?« Doch bevor die Eltern antworten konnten, rief Sabine: »Das ist mir zu langweilig. Ich will lieber Rad fahren!« Philipp stimmte lauthals in den Protest seiner Schwester ein.

Jede weitere Diskussion schien zwecklos. Also holte Papa schon die Fahrräder aus dem Keller, während Mama etwas Obst und Schokolade einpackte. »Habt ihr für den Notfall eure Regenjacken?« – Und schon radelte die ganze Familie zu den Rheinauen hinunter. Sabine war natürlich mal wieder die Letzte. Mehrmals musste sie sich anhören, dass sie nicht trödeln sollte. Was wussten schon die anderen, schließlich hatte sie ja das kleinste Fahrrad. Aber sagen lassen wollte sie sich das auch nicht, deshalb trat sie kräftig in die Pedale.

Nach einer guten Stunde saßen sie alle auf einer Bank am Flussufer, genossen die warme Mittagssonne und teilten die Leckereien aus Mamas Rucksack. »Das Radfahren macht doch viel mehr Spaß, als durch den Wald zu wandern!«, meinte Sabine noch einmal. Wohl zur eigenen Bestärkung. Mama sagte leise, vielleicht auch mehr zu sich selbst: »Schneiders sind bestimmt enttäuscht, dass wir nicht mitgewandert sind.« Bald darauf ging es weiter, denn sie wollten noch einige Kilometer schaffen. Sie radelten durch einen Auwald. Sabine bildete natürlich wieder das Schlusslicht. Auf einer Lichtung entdeckte sie wilde Narzissen und Schlüsselblumen. Die leuchteten richtig in der Sonne. Sabine lehnte ihr Rad an einen Baumstamm und ging auf die Wiese. Sie freute sich und pflückte auch einen Blumenstrauß. Nun musste sie sich aber beeilen, die anderen waren ja weitergefahren! Doch was war denn das? Ihr Hinterrad war total platt. Eine Luftpumpe hatte sie nicht. Fahren konnte sie unmöglich mit dem Platten! Langsam wurde es ihr ein wenig unheimlich. Die anderen würden bestimmt schon gemerkt haben, dass sie nicht mehr da war und zurückradeln. Und wenn nicht? Sie fühlte sich gar nicht mehr gut. Ihr war heiß und kalt zugleich. Sabine schnappte ihr Fahrrad und schob los. Das Gefühl im Bauch wurde auch nicht besser. Und kein Mensch war zu sehen. Sie kam an eine Kreuzung. Was nun? Am besten geradeaus. Sie lief und schob das Rad, sie lief und schob …

Sabine hatte das Gefühl, schon eine kleine Ewigkeit durch den Wald zu laufen. Warum sah sie niemanden? Ob die anderen noch nicht bemerkt hatten, dass sie fehlte? Suchten sie nicht nach ihr? Doch da, waren das nicht Stimmen?

Im selben Augenblick sah das Mädchen einige Menschen aus einem Seitenweg kommen. Bevor sie richtig hinschauen konnte, hörte sie: »Mensch, Sabine, was machst du denn hier so allein?« Es war Hannah Schneider, die sie angerufen hatte. In diesem Moment musste

Sabine einfach losheulen. Sie erzählte, was passiert war, welche Angst sie gehabt hatte und wie schwer es mit dem kaputten Fahrrad war. Alle hörten ihr zu und trösteten sie. Vater Schneider machte schließlich einen Vorschlag: »Wir laufen nun ein wenig schneller weiter und schauen, ob wir deine Familie finden. Denn die machen sich auch bestimmt schon Sorgen um dich. Und ihr, Hannah und Ulli, bleibt bei Sabine und geht zusammen weiter. Aber immer auf diesem Weg. Zu dritt geht es doch leichter. Vielleicht können wir euch dann mit einem Auto abholen. Alles klar?« Sabine lächelte und nickte: »Alles klar!« Und wirklich schien alles leichter, als Sabine mit ihren beiden Begleiterinnen weiter den Waldweg entlangging. Alle schoben abwechselnd das Fahrrad. Sie hatten sich viel zu erzählen. Der Weg schien auch nicht mehr so uneben zu sein. Sie entdeckten sogar die ersten Veilchen dieses Jahres am Wegesrand.

Doris Dirwald

Kreative Ideen

Für die ganze Reihe ...
Wir begleiten in unseren Gottesdiensten den Weg Jesu zum Kreuz. Wege können uneben oder steinig sein. Sie können Kurven haben oder steil sein.
Die Kinder überlegen, in welchen Situationen der vergangenen Woche sie Angst hatten oder sich alleingelassen gefühlt haben. Diese »Last« legen sie vor Gott ab, indem sie dies auf die Steine schreiben oder malen und dann in den Korb auf dem Altar ablegen. Währenddessen wird das Lied »Herr, wir sind oft verlassen« gesungen.

Material: glatte Steine, Filzschreiber, Korb

Ein neues Passionslied
1. Herr, wir sind oft verlassen und vergessen,
wir sind wie du verraten und verkauft.
Du aber hast Vertrauen nicht verloren;
auch in der Angst nimmst du das Leiden an.

Jesus, dein Kreuz ist Zeichen deiner Liebe.
In dir wird wahr, dass Gott uns Hoffnung schenkt.

2. Wir sind empört, wenn andre uns beschimpfen,
schlagen zurück, wenn uns ein Unrecht trifft.
Du aber hast dein Kreuz auf dich genommen,
setzt deine Liebe gegen allen Hass.

Jesus, dein Kreuz ist Zeichen deiner Liebe.
In dir wird wahr, dass Gott selbst Liebe ist.

Melodie: Herr, deine Liebe ist wie Gras und Ufer, Text: Günter Lange, Lübeck

Kreuzweg – Passionsgarten

Wir füllen Erde in eine große Kiste oder einen Tisch mit einem Rahmen. Mit kleinen Steinen legen wir einen Weg, der sich über unseren Passionsgarten schlängelt. Auf den Seiten werden kleine Landschaften aus Pflanzen, Moos, Steinen, Muscheln und … gestaltet. Jeder Geschichte ordnen wir ein Symbol zu. Dieses Symbol wird als Station an den Wegesrand gelegt. Entweder ritzen wir es in kleine Tonplatten oder kopieren es auf Pappschilder.
Jedes Kind bekommt ein Leporello, auf das es jeden Sonntag ein weiteres Symbol klebt oder malt.

Oculi
Wir hören von Jesus, wie wichtig es ihm war,
mit seinen Jüngern das letzte Passahmahl zu feiern.
In der Gemeinschaft vor Gott ist niemand allein.

Laetare
Jesus begegnet uns auf dem Ölberg als einer,
der uns in seinen Gefühlen ganz nah ist.
Auch wir können unsere Angst vor Gott
bringen und sie dort gut aufgehoben wissen.

Judica
Gestärkt durch Gott sieht Jesus seiner Gefangennahme entgegen.
Er fügt sich und heilt sogar das abgeschlagene Ohr eines Soldaten.

Palmarum
Jesus ist nun den Machthabern und Einflussreichen ausgesetzt.
Wie geht es uns, wenn wir Stärkeren und Mächtigeren ausgesetzt sind?

Karfreitag
Auch im Angesicht des Todes vertraut sich Jesus Gott an.
Er weiß sich von ihm gestärkt und begleitet.
Die Kinder erfahren, dass selbst in tiefsten Leid
Gott nahe sein will.

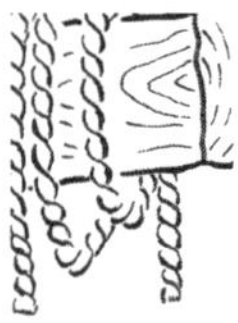

Zeichnungen: Doris Dirwald

Stichworte:
Angst, Begleitung, Leid, Vertrauen

Doris Dirwald

Weißt du noch?
Ostern bei Lukas

16./17.04.2017
(Ostersonntag/Ostermontag)
Weißt du noch? Die Engel erinnern die Frauen an Jesu Worte
(Lukas 24,1-12)

23.04.2017
(Quasimodogeniti)
Erst neulich! Die Emmausjünger erinnern sich an Jesu Gesten
(Lukas 24,13-35)

30.04.2017
Misericordias Domini
Damals! Jesus erinnert die Jünger an seine Worte
(Lukas 24,36-49)

Weißt du noch ...? weckt in mir die Erinnerung an das Weihnachtslied: »Wisst ihr noch, wie es geschehen? Immer werden wir's erzählen ...« So schlägt Ostern bei Lukas einen Bogen zurück zu Weihnachten. Erzählungen halten die Erinnerungen wach und umgekehrt.
Erinnerungen und Erzählungen sind wichtig für unseren Glauben, erst recht für Kinder. In den eigenen Erinnerungen und in denen der Erzählenden gestaltet sich ihr eigenes Leben mit, wird Kraft gewonnen und Hoffnung erweckt.
»Weißt du noch, als wir zusammen im Gewitter spazieren waren?« – »Weißt du noch, als du mir das Fahrrad geschenkt hast ...?«
»Weißt du noch ...?« Kinder stellen diese Frage gern. Sie führen sich und ihrem Gegenüber damit noch einmal ein beglückendes, manchmal aber auch trauriges Ereignis vor Augen. Im Erinnern und Erzählen vertiefen sich Erlebnisse und Ereignisse, werden aber auch verarbeitet, verfestigt und verinnerlicht. Im Teilen durch Erinnern und Erzählen geben wir Ereignisse, Erfahrungen, Empfindungen und Erleben weiter. So ist ja auch die Bibel entstanden. So entsteht Wissen und Glauben und wird zu gemeinsamem Gut.
Je älter man wird, je mehr Menschen daran teilhaben, umso wertvoller werden die Frage und die erlebten Erinnerungen. Weißt du noch ...? – Ostern bei Lukas – das ist sehr lange her. So lange her, dass wir uns Geschichten erzählen müssen und wollen, die wir nicht mehr selbst erlebt haben und auch niemand, den wir kennen. Kein Mensch hat die Auferstehung je erlebt. Kein Mensch kann ihre Folgen für ein Leben benennen. Gleichwohl können wir uns in das unbegreifliche Ereignis, die Furcht, die Freude und die Aufbruchstimmung hineinversetzen. Wir tun das gern, denn daraus erwächst auch uns Freude, Aufbruch, Licht und neue Hoffnung in all dem, was auch uns in unserem Leben beschwert. Es eröffnet uns den neuen Raum in die Weite Gottes, in die Weite des Glaubens, des Miteinanders mit denen, die vor uns waren, die mit uns sind und die nach uns sein werden. Das wollen wir mit den Kindern im Kindergottesdienst teilen. Es gilt, das Unbegreifliche und Wunderbare im Erzählen und Gestalten zu erfassen.
Die Ostergeschichten des Lukas legen dabei in dieser Reihe einen Schwerpunkt auf das Erinnern in unterschiedlichen Weisen und auf die Beziehung einzelner Personen: Die Engel erinnern die Frauen an **Jesu Worte**, die Emmausjünger erinnern sich an **Jesu Gesten** und Jesus erinnert an **seine Worte**. Das spiegelt sich in den Texten, den Liedern

und in der kreativen Umsetzung. Erzählen, Weitersagen, Spielen und Gestalten stehen im Vordergrund.
Weißt du noch ...? spannt den Bogen vom Damals der Bibel zu unserem Heute für Kinder und Erwachsene.

Liturgische Gestaltung

Auch Lieder erzählen vom »Weißt du noch«:

EG 100	Wir wollen alle fröhlich sein *(Strophen in Auswahl)*
EG 103	Gelobt sei Gott im höchsten Thron
EG 116	Er ist erstanden, halleluja *(schwierig für kleinere Kinder)*
EG 569 RWL	Zu Ostern in Jerusalem
MLK 90	Kleines Senfkorn Hoffnung
MKL 117	Eine freudige Nachricht breitet sich aus
KKH 12	Du verwandelst meine Trauer in Freude, KiKiHits
KKH 28	Du bist da, wo Menschen leben *(»leben« kann durch andere Tätigkeiten ersetzt werden: »beten«, »singen«, »lachen« usw. Die Kinder sind da sehr kreativ)*

Zusammenkommen – sich Gott zuwenden

(In der Mitte liegt ein schwarzes Tuch. Darunter ein weißes Organzatuch, das vom schwarzen Tuch völlig verdeckt wird. Auf dem schwarzen Tuch ein Stein. Daneben ein Kreuz und die Osterkerze, die nicht angezündet ist.)

Jesus war tot. Wir sahen, wie er am Kreuz starb.
Wir sahen, wie sein Lebenslicht erlosch.
Wir sahen den Stein vor dem Grab. *(Pause, Stille)*

Doch der Stein wurde weggerollt. *(Stein entfernen)*
Jesus ist auferstanden! So hörten wir. *(Klangschale)*
Jesus ist auferstanden! So sahen wir. *(Das schwarze Tuch wird entfernt, darunter kommt das weiße Organzatuch zum Vorschein).*
Jesus ist auferstanden. Sein Licht leuchtet! *(Die Osterkerze wird angezündet)*
Hört und ruft: Jesus lebt, er ist auferstanden.

Wir dürfen diese frohe Botschaft weitererzählen!
Hört und ruft: Jesus lebt, er ist auferstanden.

Lied: 1. Strophe und Refrain aus: Er ist erstanden, halleluja, EG 116

Hören – Antworten

Klage verwandelt sich in Freude – Jesus ist auferstanden

1. Weißt du noch: Jesus war gestorben. Wir waren traurig. Was sollten wir tun?
   Lied: Kyrieliedruf (Aus KiKiHits, 17b)
   Guter Gott, erbarme dich *(stampfen)*, wie klagen unser Leid *(stampfen)*.
   Zeig uns einen guten Weg, sei mit uns *(schnipsen)* alle Zeit
   Zeig uns einen guten Weg, sei mit uns *(schnipsen)* alle Zeit

2. Weißt du noch: Wir wollten das Grab Jesus besuchen: Das Grab war leer. Uns wurde gesagt: Jesus lebt, er ist auferstanden.
   Lied: Kyrieliedruf (Aus KiKiHits, 17b)
   Guter Gott, erbarme dich *(stampfen)*, wie klagen unser Leid *(stampfen)*.
   Zeig uns einen guten Weg, sei mit uns *(schnipsen)* alle Zeit
   Zeig uns einen guten Weg, sei mit uns *(schnipsen)* alle Zeit
   Hört und ruft: Jesus lebt, er ist auferstanden.
   Wir dürfen diese frohe Botschaft weitererzählen!
   Hört und ruft: Jesus lebt, er ist auferstanden.

   Alle: Jesus lebt, er ist auferstanden.

3. Weißt du nicht: Jesus lebt. Er ist auferstanden. Du musst nicht mehr traurig sein. Du kannst dich freuen. Wir sind nicht mehr allein.
   Lied: Kyrieliedruf (Aus KiKiHits, 17b)
   Guter Gott, erbarme dich *(stampfen)*, wie klagen unser Leid *(stampfen)*.
   Zeig uns einen guten Weg, sei mit uns *(schnipsen)* alle Zeit
   Zeig uns einen guten Weg, sei mit uns *(schnipsen)* alle Zeit
   Hört und ruft: Jesus lebt, er ist auferstanden.
   Wir dürfen diese frohe Botschaft weitererzählen!
   Hört und ruft: Jesus lebt, er ist auferstanden.

   Alle: Jesus lebt, er ist auferstanden.

Lied: 1. Strophe und Refrain aus: Er ist erstanden, halleluja, EG 116

Kurzgeschichte

Die von mir verfasste Geschichte erzählt von einer Erfahrung, die auch Kinder machen müssen: Ein lieber Mensch stirbt. So wie Jesus gestorben ist. In der Person von Friederike und ihrer Oma vollziehen sie den Lebensweg des Opas nach, wie der Lebensweg Jesu in der biblischen Geschichte nachvollzogen wurde. Sie nehmen am Schmerz des Verlustes teil und spüren doch, welche Kraft in der Beziehung zu und in der Erinnerung an einen Menschen steckt.
Die Geschichte kann auch von zwei Personen gespielt werden.

»Weißt du noch, als ich damals so doll geweint habe?« Friederike und ihre Oma sitzen in der Abenddämmerung am Fenster. Friederike sitzt auf Omas Schoß und hat sich an sie gekuschelt. Es ist sehr gemütlich.
»Weißt du noch, Oma? Sag doch!« – »Ja«, sagt die Oma. »Ich weiß es noch genau. Du weinst ja nicht so oft.« – »Stimmt, ich bin keine Heulsuse. Das sagt Mama auch immer. Sie sagt aber, wenn das Weinen raus will, soll man es raus lassen. Sonst wird es zu einem harten Stein in einem. Und wenn man das Weinen nie raus lässt, wird man vielleicht selbst einmal zu Stein. Dann versteht man nicht mehr, wenn andere sich freuen oder traurig sind. Und zu Stein will ich niiieeemaaals werden.« – Die Oma lächelt. »Da habe ich keine Angst bei dir. Du merkst immer genau, wie es anderen Menschen geht.« – »Ja, Oma, das stimmt. Darum habe ich ja auch so doll geweint. Erzähl mir das doch nochmal.« –
Oma erzählt: »Weißt du noch? Es war ein schöner Tag. Vor einem Jahr. So wie der, der gerade zu Ende geht. Es war Frühling, so wie jetzt. Opa und ich und du, wir hatten draußen gespielt. Wir waren spazieren gegangen und hatten im Bach einen Damm gebaut. Wir konnten sogar schon barfuss durch den Bach laufen, so warm war es. Wir hatten Picknick gemacht und viel gelacht. Es wurde Abend und du bist ins Bett gegangen. Opa hat dir noch eine Geschichte am Bett vorgelesen. Weißt du noch?« –
»Ja, Oma, das war schön. Ich spüre jetzt noch, wie warm die Sonne an diesem Tag geschienen hat. Ich höre noch, wie Opa gelacht hat. Und wie kuschelig wir im Bett lagen. Das war schön.« – »Ja, das war schön«, sagt die Oma versonnen und schaut ins Abendrot. Beide schweigen ein bisschen. Sie denken an diesen schönen Tag zurück. Das tut richtig gut.
Friederike kuschelt sich noch ein bisschen mehr an Oma. »Weißt du noch, Oma? Jetzt kommt das Schlimme. Als ich so doll geweint habe. Das müssen wir uns auch erzählen. Vielleicht muss ich aber nochmal weinen. Und du vielleicht auch. Meinst du, das halten wir aus, Oma?« Die Oma legt den Arm fester um Friederike. Sie schluckt. »Ja«, sagt sie, »zusammen schaffen wir das.«
»Ich erzähl.« Friederike richtet sich auf. »Du musst aber meine Hand halten.« Die beiden fassen sich bei den Händen. Omas Arme liegen um Friederike herum. »Der Opa hat im Nebenzimmer geschnarcht. Ich bin eingeschlafen. Und auf einmal, mitten in der Nacht, bin ich aufgewacht. Es war so komisch. Laut. Viele Stimmen habe ich gehört und Gerücke und Gerummel. Ich bin ganz still liegen geblieben. Ich hatte ein bisschen Angst. Ich hörte genau hin, aber ich konnte nicht viel verstehen. Dann wurde es ruhiger. Einer

sagte: ›Es tut mir leid. Wir konnten nichts mehr tun. Ich wünsche Ihnen alles Gute.‹ Es klang ein bisschen so, als ob jemand weint. Nur ein bisschen. Dann war es still.
Und dann ging vorsichtig die Tür auf und Mama streckte ihren Kopf ins Zimmer. ›Mama! Mama? Was machst Du hier?‹ habe ich gerufen. ›O, Schatz, du bist wach. Ich ... ich ... ich wollte sehen ...‹ – ›Mama, weinst du etwa?‹ und mir wurde es ganz eng ums Herz. »Mama ist ja auch keine Heulsuse!« Oma schüttelt den Kopf. Friederikes und Omas Hände fassen sich fester an. »Weißt du noch, als die Mama gesagt hat ... sie hat gesagt ... Sie ...« Friederike weint. Leise. »Sie hat gesagt, der Opa ist gestorben. Gott hat nach ihm gerufen, und dann musste der Opa gehen. Wenn Gott ruft, müssen wir gehen.« Beide weinen ein bisschen. Leise. »Auch wenn da noch Menschen sind, die wir lieb haben. Das war eine schwere Zeit, weißt du noch? Gut, dass alle anderen noch da waren. Und weißt du noch, wie oft wir an ganz verschiedenen Stellen gesagt haben: ›Weißt du noch ...? ... als der Opa den Zaun gestrichen hat. ... wie der Opa gelacht hat ... als der Opa geschimpft hat ... Wie der Opa erzählen konnte ...?‹ Ach Oma, das tut immer noch weh.« – »Aber es tut auch immer noch gut«, sagt die Oma. »Gut, so viele schöne Erinnerungen zu haben. Gut, den Opa gekannt zu haben. Zu wissen, wie er gelacht hat. Was er gesagt hat. Gut, dass wir uns noch haben. Und wer weiß ... Dem Opa geht es jetzt gut. Bei Gott.« – »Ja, Oma«, sagt Friederike. »Und eines Tages werden wir uns wiedersehen. Bei Gott.«

Kreative Ideen

Weißt du noch – die Kinder gestalten für alle Sonntage ein Erinnerungsbuch. Es kann als Leporello gestaltet werden oder auch mit einem schönen Band gebunden sein. Man sollte festes Papier verwenden, 160 g, damit das Buch lange hält oder der Leporello stehen kann. Mit dem Computer können einheitliche, schöne Rahmen für jede Seite gestaltet werden.
Bei jedem Kindergottesdienst wird eine Seite gemalt oder geschrieben. So erinnern sich die Kinder lange an die Ostergeschichten und die Kindergottesdienste.

Kreative Umsetzung: Die Geschichten werden an allen drei Sonntagen von Mitarbeitenden vorgespielt. Sie können sehr anschaulich und prägnant aus dem biblischen Text übernommen werden, denn dieser bietet viel Material.

Ostersonntag/Ostermontag (16./17.04.2017)

Weißt du noch? Die Engel erinnern die Frauen an Jesu Worte
»Der Herr ist auferstanden!« Die Worte des Ostersonntags können die Frauen den Jüngern gesagt haben. Aber die haben nicht mit den gleichen Worten geantwortet.

Kreative Umsetzung im Anspiel: Ein Engel erzählt den anderen Engeln, was er bei den Menschen erlebt hat. Er hat mit seinem Mitengel die Frauen getroffen, diese an Jesu Worte erinnert und auch gesehen, was nach dem Treffen geschah. Die Freude der Frauen, den (verständlichen) Unglauben der Jünger. Diese tun die Worte der Frauen als Geschwätz ab. Der Blick des Petrus ins Grab hat keine Konsequenzen.
Mit den Kindern kann erfragt werden, wie dennoch die Nachricht der Auferstehung in die Welt getragen wurde?
Anschließend gestalten die Kinder eine Seite in ihrem »Weißt-du-noch?-Buch«: »Weißt du noch? Die Engel erinnern die Frauen an Jesu Worte.«

Quasimodogeniti (23.04.2017)

Erst neulich! Die Emmausjünger erinnern sich an Jesu Gesten (Lukas 24,13-35)
Kreative Umsetzung im Anspiel: Die beiden Jünger sind auf dem Rückweg von Emmaus in Jerusalem angekommen. Sie versammeln alle Kinder als Jüngerschar um sich. Sie erzählen, was sie auf ihrem Weg erlebt haben. Besonders anschaulich wird es, wenn auch das Brotbrechen mit den Kindern vollzogen wird. Das Brot wird geteilt und gegessen. Dabei können alle die Geschichte in Fragen und Antworten noch einmal erzählen.
Anschließend gestalten die Kinder eine Seite in ihrem »Weißt-du-noch?-Buch«: »Erst neulich! Die Emmausjünger erinnern sich an Jesu Gesten.«

Misericordias Domini (30.04.2017)

Damals! Jesus erinnert die Jünger an seine Worte (Lukas 24,36-49)
Kreative Umsetzung im Anspiel: Jesus selbst redet zu seinen Jüngern, die von der Kinderschar dargestellt werden.
Anschließend gestalten die Kinder eine Seite in ihrem »Weißt-du-noch?-Buch«: »Damals! Jesus erinnert die Jünger an seine Worte«

Ausmalbilder und Anregungen unter: Materialien für die kirchliche Arbeit in der Diözese Rottenburg-Stuttgart, Fachstelle Medien

Stichworte:
Auferstehung, Brotbrechen, Erinnerung, Grab, Ostern

Christine Grans

Daniel und seine Freunde
feuerfest und löwenstark

07.05.2017
(Jubilate)
Der junge Daniel und seine Freunde
(Daniel 1)

14.05.2017
(Kantate)
Drei Freunde im Feuerofen
(Daniel 3,1-30)

21.05.2017
(Rogate)
Daniel in der Löwengrube
(Daniel 6)

Die Daniel-Erzählung ist …
… eine Freundschaftsgeschichte.
… eine Geschichte gegen die Angst.
… eine Glaubensgeschichte.
… eine Geschichte von Gottes Treue.
… eine Resilienz-Geschichte.

Das Volk Israel lebt im Jahr 165 v. Chr. unter der syrischen Besatzungsmacht. Unter der Herrschaft König Antiochus IV darf das Volk Israel seinen Glauben an den einen Gott nicht leben. Der König will, dass das kleine Volk Israel ganz in seinem großen Reich aufgeht. Doch ein Teil des Volkes, die Makkabäer, leistet Widerstand. Sie wollen ihren Glauben nicht verleugnen oder sogar aufgeben. Es ist eine Zeit der kulturellen, politischen und religiösen Umwälzungen – für Israel eine Zeit der inneren und äußeren Bedrohung.
In dieser Zeit werden sie durch eine alte Geschichte gestärkt und ermutigt: Der junge Daniel lebte etwa vierhundert Jahre zuvor mit seinem Volk Israel in der babylonischen Verbannung. König Nebukadnezar wollte den Israeliten auch ihre Identität nehmen. Doch Daniel und seine Freunde wollten sich diese nicht nehmen lassen. Die jungen Männer lebten am babylonischen Königshof. Dort erhielten sie ihre Ausbildung und Erziehung. Dadurch sollte ihnen eine neue Identität aufgezwungen werden. Doch sie blieben, was sie immer waren: junge jüdische Männer, die der Weisung ihres Gottes die Treue hielten. Die Zusage des Propheten Jeremia war für sie richtungsweisend: *»Ich weiß wohl, was für Gedanken ich über euch habe, spricht der Herr, Gedanken des Friedens und nicht des Leides, dass ich euch Zukunft und Hoffnung gebe.«* Diese Zusage Gottes ist zeitlos. Davon erzählt auch die Geschichte von Daniel.
Aus heutiger Perspektive könnte Daniel bei den Kindern leicht zum Helden stilisiert werden. Doch das wäre für Kinder eher entmutigend als stärkend. Daniel ist kein Held, er ist ein gläubiger junger Mann! So ist es wichtig zu entdecken, was ihn wirklich trägt. Die Erfahrung von Angst, von Mut, von Fremdsein oder von Mangel an Zugehörigkeit verbindet die Kinder heute mit Daniel. Dabei erfährt Daniel das Eingebundensein in den Glauben seines Volkes und in der Gemeinschaft mit seinen Freunden als ungeheuer stärkend. Das ist sein Halt in den Zeiten größter Angst und Gefahr!
Glaubenlernen im Zusammenhang mit der Glaubensgeschichte Daniels und seiner Freunde können wir auch heute, wenn wir unseren eigenen Blick auf den Glauben und das Leben in unserer Gesellschaft richten. Mit und durch Daniels Geschichte werden

die Kinder bestärkt, ihren eigenen Glaubensweg zu gehen und ermutigt, es auszuhalten nicht zur Mehrheit zu gehören. Es ist das Anliegen der Erzählung, zu trösten und zu ermutigen. Sie gibt Widerstandskraft nicht »mit den Wölfen zu heulen« oder »sich ins Schneckenhaus zurückzuziehen«.
Daniel und seine Freunde waren »Fremde« am Königshof. Was es heißt, in der Fremde zurechtzukommen, werden die meisten Kinder noch nicht selbst erfahren haben. Doch durch die vielen Zuwanderer und Asylanten der vergangenen Jahre haben sie Kinder kennengelernt, die in so einer Situation ihr Leben gestalten müssen. Auch diese Kinder versuchen, ihren Glauben und ihre Kultur in einer fremden Umgebung zu erhalten. Für viele syrische Flüchtlingskinder bedeutet ihr Glaube auch ein Stück »Heimat« und gibt ihnen Halt in der neuen und fremden Umgebung. Die Heimat dieser Kinder ist die »Fremde«, in der das Volk Israel durch die Erzählung von Daniel und seinen Freunden gestärkt worden ist.

Liturgische Gestaltung

Zusammenkommen – sich Gott zuwenden

Psalmgebet nach Psalm 27

Kehrvers: »Gott ist mein Heil, mein Licht«

Text und Melodie: Wolfgang Longardt, © beim Autor

Eine(r): Gott ist mein Schutz am Tag und mein Licht in der Nacht.
Ich brauch mich nicht zu fürchten.

Alle: Kehrvers

Eine(r): Auch im Unglück ist mir Gott ganz nah.
Wenn mir Menschen etwas Böses wollen, macht er mir Mut.

Alle: Kehrvers

Eine(r): Wenn ich nicht mehr weiter weiß, steht Gott mir bei.
Er zeigt mir dann einen Weg.

Alle: Kehrvers

Eine(r): Wenn ängstlich und traurig bin, hört Gott mich.
Er lässt mich nicht allein und hilft mir durchzuhalten.

Alle: Kehrvers

Hören – Antworten

Wir legen ab, was uns Angst macht.
Alle stehen im Kreis und in der Mitte liegen viele Steine auf einem Haufen. Jeder darf sich einen Stein von dem Haufen nehmen. Dieser Stein wird ganz fest in die Hand genommen, während wir den Liedvers »Manchmal ist meine Angst riesengroß« singen. Danach wird dieser Stein am Altar abgelegt.

Lied: Manchmal ist meine Angst riesengroß

Text und Melodie: Bernd Schlaudt, © beim Autor

Sendung – Segen

Mit Gesten sprechen wir uns den Segen gegenseitig zu. Dazu stehen alle im Kreis und reichen sich die Hände.

Gott stärke dich, wenn du in die neue Woche gehst.	*Hände des Nachbarn drücken.*
Gott richte dich auf, wenn du dich einsam fühlst.	*Hände der Nachbarn anheben.*
Gott beschütze dich, wenn du neue Wege gehst.	*Hände auf die Schultern der Nachbarn legen.*
Gott segne dich bei allem, was du tust, und bei allem, was dir begegnet. Amen.	

Kurzgeschichte

Der Nachtvogel

Ein Junge hatte immer große Angst, wenn er nachts allein in der Wohnung sein musste. Seine Eltern gingen oft am Abend fort. Dann konnte der Junge vor Angst nicht einschlafen. Er hörte etwas rauschen, und das war, als ob jemand im Zimmer atmete. Er hörte ein Rascheln und ein Knacken, und das war, als ob sich etwas unter seinem Bett bewegte. Aber viel schlimmer war der Nachtvogel. Der Junge sah ihn immer ganz still draußen auf den Fensterbank sitzen, und wenn unten ein Auto vorüberfuhr, schlug der Vogel mit den Flügeln, und der Junge sah den riesigen Schatten an der Zimmerdecke.

Der Junge erzählte seinen Eltern von der Angst. Aber sie sagten nur: »Stell dich doch nicht an. Du bildest dir das alles nur ein.«

Und sie gingen immer wieder am Abend fort, weil sie den Vogel nicht sehen konnten, weil sie das alles nicht glaubten.

Einmal war der Junge wieder allein, und es schellte an der Wohnungstür. Der Junge wurde steif vor Angst. Wieder schellte es. Es schellte und schellte. Dann war es still, lange Zeit war es ganz still.

Dann kratzte etwas an der Hauswand. Das war der Vogel, er kletterte mit seinen Krallen an der Mauer hoch. Jetzt war er an der Fensterbank. Und jetzt schlug er mit seinem Schnabel an die Scheibe, einmal, zweimal, immer wieder, immer lauter, und gleich würde das Glas zerbrechen, gleich würde der Vogel ins Zimmer springen!
Der Junge packte die Blumenvase vom Tisch neben dem Bett. Er schleuderte sie zum Fenster.
Das Glas zersplitterte. Wind fuhr ins Zimmer, sodass der Vorhang hoch an die Wand schlug, und der Vogel war fort.
Auf der Straße unten hörte der Junge seine Eltern rufen.
Er rannte auf den Flur, er fand im Dunkeln sofort den Lichtschalter und den Knopf vom Türöffner. Er riss die Wohnungstür auf und lief den Eltern entgegen. Er lachte, so froh war er, dass sie da waren. Aber sie schimpften. Ihre schönen Ausgehkleider waren nass vom Blumenwasser.
»Was soll denn das wieder heißen?« fragte der Vater. »Jetzt ist die Scheibe kaputt!« »Und mein Mantel, sieh dir das an!«, rief die Mutter.
»Der Nachtvogel war am Fenster«, sagte der Junge. »Der Nachtvogel hat mit seinem Schnabel ans Fenster gepickt.« »Unsinn!«, sagte der Vater. »Wir hatten den Schlüssel vergessen, und du hast das Schellen nicht gehört. Darum haben wir mit einer Stange vom Bauplatz an dein Fenster geklopft.« »Es war der Nachtvogel, wirklich«, sagte der Junge. »Der Nachtvogel war es!«
Aber die Eltern verstanden das nicht. Sie gingen immer wieder am Abend fort und ließen den Jungen allein. Er hatte immer noch Angst, er hörte immer noch das Rauschen und Rascheln und Knacken. Aber das war nicht so schlimm.
Denn der Nachtvogel kam nie mehr wieder, den hatte er vertrieben. Er selbst hatte ihn vertrieben, er ganz allein.
Ursula Wölfel, aus: dies.: Die grauen und die grünen Felder, © 2004 Beltz & Gelberg in der Verlagsgruppe Beltz, Weinheim/Basel

Kreative Ideen

Jubilate

»Glaubensherzen«
Daniel und seinen Freunden hilft ihr Glaube, am Königshof ihre Identität zu bewahren. Sie können ihren ganz eigenen Weg gehen, auch wenn sie sich in manchen Bereichen anpassen.
Wir überlegen, was denn heute unseren Glauben ausmacht und was wir in jedem Fall behalten wollten, wenn wir in eine Situation wie die Freunde kommen würden.
Wofür schlägt unser »Glaubensherz«?

Es liegen große »Herzblätter« und Stifte bereit. Auf diesen Blättern sammeln wir in Stichworten, was uns wichtig ist. Die kleinen »Herzblätter« werden dann auf einem Plakat zu einem großen Herz zusammengeklebt. Dabei singen wir:

Lied: Gib uns Ohren, die hören (KG 195)

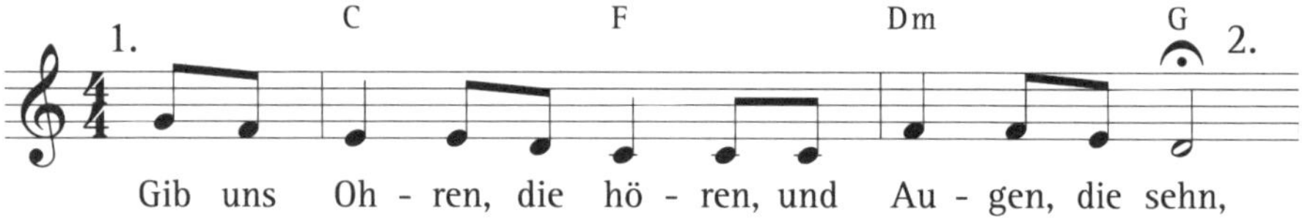

Alle stehen im Kreis, die Hände werden hinter die Ohren gelegt und dann die Hände vor die Augen gehalten.

Der Nachbar rechts und dann links werden angeschaut.

Alle gehen im Kreis.

Text und Kanon für 3 Stimmen von Bernd Schlaudt, © beim Autor

Kantate

»Feuer und Flamme«
König Nebukadnezar ließ sich wie einen Gott anbeten. Wer dem nicht folgte, dem wurde »eingeheizt«. Die Weigerung konnte das Leben kosten. Trotzdem waren die Freunde weiterhin »Feuer und Flamme« für ihren Gott, den Gott Israels. Gott seinerseits erweist den Freunden seine Treue, indem er im Feuerofen ihr Leben schützt.
Wir betrachten das Bild von Juliana Heidenreich aus der Gütersloher Erzählbibel:

Zeichnung: Juliana Heidenreich, aus: Diana Klöpper und Kerstin Schiffner: Gütersloher Erzählbibel, 3. Aufl., Gütersloh 2014, S. 243, © Gütersloher Verlagshaus, Gütersloh, in der Verlagsgruppe Random House GmbH, München

Die Männer tanzen im Ofen, obwohl sie darin gefangen sind. Ihre Gesichter sind fröhlich, von Angst und Bedrohung ist nichts zu sehen. Über den dreien ist schemenhaft eine schützende Gestalt zu erkennen. Diese Gestalt scheint sogar die Männer zu umhüllen.

Wo und wie erfahren wir Schutz?
Auf Karten malen oder schreiben wir mit gelben oder orangenen Stiften, wo wir bedroht sind. Dann werden »Flammen« aus Transparentpapier ausgeschnitten und über der Schrift oder den Bildern mit kleinen Klebepunkten befestigt. Über die »Flammen« schreiben wir, was uns schützt oder rettet.

Material: orangefarbenes und rotes Transparentpapier, Tonkarton, Stifte, Scheren und Klebestifte

Zeichnung: Karl-Heinz Dirwald

Rogate

»Löwenstark«
Wieder greift Gott auf wundersame Weise ein, indem er Daniel aus der Löwengrube rettet. Die Löwen verlieren ihre Macht und Daniel scheint »löwenstark« zu sein. Kinder schlüpfen gern in andere Rollen. Wir basteln uns »Löwen-Masken«, um uns dann als richtiger Löwe zu fühlen.

Material: Löwenkopf-Kopien auf Tonkarton, Farbstifte, Scheren, Klebestifte und Hutgummi oder Bindeband

Zeichnung: Karl-Heinz Dirwald

Stichworte:
Angst, Freundschaft, Glaube, Macht, Identität

Karl-Heinz Dirwald

Jesu Himmelfahrt

25.05./28.05.2017
(Christi Himmelfahrt/Exaudi)
Jesu Himmelfahrt
(Lukas 24,50-53)

Didaktische Klammer – Hinführung

Der Feiertag Christi Himmelfahrt gehört zu den ältesten christlichen Festen. Heute verliert dieser Feiertag leider zunehmend an Bedeutung. Der Tag wird als Vatertag mit Ausflügen und anderen Aktionen begangen. Viele Gemeinden feiern an diesem Feiertag einen Open Air Gottesdienst unter freiem Himmel. Selten wird an Christi Himmelfahrt Kindergottesdienst gefeiert. Umso wichtiger ist es, am folgenden Sonntag mit den Kindern die »Himmelfahrt Jesu« zu bedenken und zu erinnern.

Die Himmelfahrtsgeschichte ist geheimnisvoll und wunderbar. Der Evangelist Lukas hat in seiner Erzählung deutlich gemacht, dass Jesus eintritt in die unsichtbare Welt Gottes. Er sitzt nun »zur Rechten Gottes«; das bekennen wir im Glaubensbekenntnis. Die Jüngerinnen und Jünger (und somit auch wir) haben nun eine neue Aufgabe: in Jesu Namen und in seinem Sinn eigenverantwortlich und selbstständig seinen Auftrag in der Welt weiterzuführen. Dabei sind wir nicht alleine gelassen, sondern vielmehr gut ausgestattet mit dem Segen. Der Segen, mit dem sich Jesus in den »Himmel verabschiedet« stärkt und gibt Kraft für das Leben auf der Erde.

Jesus ist nicht »hochgefahren« in den sichtbaren Himmel über uns, der mal wolkenverhangen und mal himmelblau über uns aufgeht. Der Sohn Gottes ist vielmehr »eingegangen« zu Gott in einen Himmel mitten unter uns. In der englischen Sprache heißt dieser Himmel »heaven«. »Schaut nicht nach oben«, wird den Jüngerinnen und Jüngern gesagt. »Mitten unter euch ist der Himmel«, überall dort, wo wir Gott und Christus bekennen und ihm nachfolgen.

Die folgenden Bausteine, die für wöchentlich und monatlich stattfindende Kindergottesdienste geeignet sind, enthalten: liturgische Anregungen, einen Vorschlag zum Votum und zur Gestaltung der Mitte, daneben ein Eingangsgebet und ein Lied mit Bewegungen.

Der Segen, den Jesus seinen JüngerInnen zuspricht, geben wir den Kindern hautnah weiter. Die biblische Erzählung aus dem Lukasevangelium findet sich in zwei neueren Bibelübersetzungen und wird in der Kurzgeschichte vom Himmel aufgenommen.

Die kreativen Bausteine verdeutlichen die verschiedenen Dimensionen von Himmel und möchten die Kinder so anregen, ihre eigenen himmlischen Gedanken und Erfahrungen zum Ausdruck zu bringen.

Die Idee eines Stationen-/Pilgerweges nimmt die alte Tradition auf, an Himmelfahrt eine Art Prozession, einen Bittgang für Gottes gute Schöpfung zu gestalten.

Liturgische Gestaltung

Zusammenkommen – sich Gott zuwenden

Gestaltete Mitte mit Kerzen und Kreuz, blauen Tüchern und Wolken aus Papier

Votum

Wir zünden die Kindergottesdienstkerze an mit den Worten:

Wir sind zusammen im Namen Gottes, der uns das Leben schenkt,
im Namen Jesu Christi, der Gottes Liebe in die Welt getragen hat,
und im Namen des heiligen Geistes, der uns in Liebe verbindet. Amen

Lied: Weißt du, wo der Himmel ist (KG Nr. 69) mit Bewegungen

Wir stehen im Kreis

1. Weißt du, wo der Himmel ist,	*wir heben die Arme seitlich an*
außen	*strecken die Arme nach außen*
oder innen.	*legen sie gekreuzt auf die Brust*
Eine Handbreit	*Hände öffnen sich nach vorne*
rechts und links.	*rechte Hand zur Seite, ebenso linke Hand*
Du bist mitten drinnen.	*Zeigefinger zeigen auf rechten, dann*
Du bist mitten drinnen.	*auf linken Nachbarn*
2. Weißt du, wo der Himmel ist,	*wir heben die Arme seitlich an*
nicht so tief verborgen.	*wir gehen in die Hocke*
Einen Sprung aus dir heraus	*strecken uns zum Himmel*
aus dem Haus	*bilden mit den Händen ein Dach über*
der Sorgen.	*dem Kopf und senken den Kopf*

3. Weißt du, wo der Himmel ist,	*wir heben die Arme seitlich an*
nicht so hoch da oben.	*deuten das Klettern auf einer Leiter an*
Sag doch Ja zu dir und mir.	*zeigen auf uns und auf einen anderen*
Du bist aufgehoben.	*wir schließen den Kreis und reichen uns die Hände*

Eingangsgebet (nach Psalm 36,5)

Gott, du bist so gut zu uns,
deine Güte reicht hoch bis in den Himmel.
Deine Gerechtigkeit steht wie ein festes Haus
und deine Freundlichkeit ist wie ein blühender Garten.
Du hast deinen Sohn Jesus in die Welt geschickt,
er hat uns deine Liebe ganz nahe gebracht.
Jesus ist wieder bei dir, in deiner himmlischen Welt.
Doch wir sind nicht alleine, denn du umgibst uns mit
deiner grenzenlosen, himmlischen Liebe.
Du bist bei uns
und hältst deine schützende Hand über uns.
Dafür danken wir dir.
Amen

Sendung – Segen

Jesus hat seine Jüngerinnen und Jüngern gesegnet, bevor er zum Himmel emporgehoben wurde (Lk 24,51).

Auch wir können unseren Weg als »gesegnete Kinder Gottes« gehen. Am Ende des Gottesdienstes werden die Kinder von den Mitarbeitenden gesegnet. Ihnen werden die Hände auf den Kopf/auf die Schultern gelegt, so wird die Berührung Gottes hautnah spürbar. Die Mädchen und Jungen bekommen ein Segenswort zugesprochen: z.B. »Gott ist dir nahe«, »Gott segne dich auf deinem Weg«, »Gott sei um dich mit seinem Segen«.

Danach singen wir gemeinsam die Bitte um den Segen.

Lied: »Segne uns mit der Weite des Himmels« (KG Nr. 142)

Kurzgeschichte

Max fragt seine Oma: »Ist der Himmel wirklich da oben über uns?« Seine Oma fragt nach: »Max, welchen Himmel meinst du denn?« – »Na, den Himmel halt!«
Oma lässt nicht locker: »Max, meinst du den Himmel, an dem die Sonne scheint und aus dem die Regenwolken kommen, den Himmel, an dem wir Mond und Sterne sehen?«
»Nein, doch nicht den!«, antwortet Enkel Max. »Ich meine den richtigen Himmel, da wo die Engel sind!«
Oma denkt einen Augenblick nach und sagt dann: »Der Himmel, den du wohl meinst, lieber Max, ist dort, wo Gott ist, und Gott ist überall! Darum ist auch der Himmel überall, auch in uns und um uns herum! Diesen Himmel können wir nicht mit den Augen sehen, sondern nur mit unserem Herzen.«

Christine Wolf, erzählt nach einer Vorlage von Gerhard Lohfink

Textlesung aus der Kinderbibel
Zum Vorlesen der biblischen Himmelfahrtserzählung eignet sich die schöne Übersetzung in der Ravensburger Kinderbibel:

Am Abend des gleichen Tages saßen die Jünger in Jerusalem beisammen.
Die Türen waren fest verschlossen, denn sie hatten Angst vor den Soldaten.
Jesus aber trat mitten unter sie und sagte: »Friede sei mit euch!«
Als er ihnen die Wunden an seinen Händen zeigte, erkannten sie ihn und waren froh, ihn zu sehen.
»Ich habe einen Auftrag für euch, bevor ich zu meinem Vater gehe. Sagt den Menschen weiter, was ihr von mir gehört habt. Tauft sie, damit sie Gottes Kinder werden. Habt keine Angst. Ich werde bei euch sein alle Tage, auch wenn ihr mich nicht seht, durch den heiligen Geist, den ich euch schicken werde.«
Jesus hob seine Hände. Er segnete die Jünger, und während er sie segnete, entschwand er vor ihren Augen in den Himmel.

Aus: Die große Ravensburger Kinderbibel. Erzählt von Thomas Erne, Ravensburg 1998

Auch in der Basisbibel findet sich der biblische Text aus dem Lukasevangelium zur Himmelfahrt in einer gut verständlichen Sprache.

Lieder:
Weißt du wo der Himmel ist (KG Nr. 69), Der Himmel geht über allen auf (MKL 1, 7), Viele kleine Leute, an vielen kleinen Orten (KG 215), Halte zu mir guter Gott (KG 8), Segne uns mit der Weite des Himmels (KG 142), Himmelfahrt ist Feiertag (Kommt und singt. Liederbuch für die Jugend) Nr. 152

Kreative Ideen

Himmelsbilder gestalten
Dazu wird Acryl oder Aquarellfarbe mit viel Wasser verdünnt und damit auf ein vorher angefeuchtetes Papier gemalt. Zum Befeuchten des Papiers eignet sich ein Schwamm oder ein dicker Pinsel. Die Farben werden dann ebenfalls mit einem großen Pinsel auf dem Papier verteilt, es können auch verschiedene Farben/Blau und andere Farbtöne vermischt werden.
Auf diese Weise lassen sich von den Kindern phantasievolle Himmelsbilder gestalten.
Die Himmelsbilder können auch auf einem kleinen Aquarellrahmen gemalt werden.
Eine Ausstellung der Himmelsbilder im Gemeindehaus, in der Kirche würdigt die Bilder der Kinder und bezieht die Erwachsenengemeinde in die Aktion des Kindergottesdienstes ein.

Theologisieren: Wohnt Jesus jetzt im Himmel?

Wir überlegen mit den Kindern:

- In welchen Himmel ist Jesus »aufgefahren«/aufgenommen worden?
- Wie ist es wohl im Himmel? Wer wohnt dort?
- Wann fühlt ihr euch »himmlisch«/»wie im Himmel«?
- Wo können wir Spuren des Himmels hier auf der Erde entdecken?

Für ältere Kinder können die beiden englischen Begriffe *»sky«* und *»heaven«* hilfreich zur Unterscheidung sein.

Einen Stationen-/ Pilgerweg gestalten *(Alternative zum Vatertagsausflug)***:**
In früheren Zeiten wurden an Himmelfahrt Bittgänge/Prozessionen gestaltet, bei denen für eine gute Ernte gebetet wurde. Auch heute gibt es in den Tagen rund um Himmelfahrt noch Flurprozessionen für die Bewahrung der Schöpfung, aber auch für andere Anliegen, wie z.B. das friedliche Zusammenleben von Menschen und die gerechte Verteilung von Gaben und Arbeit.
Diese schöne Tradition des »Umgangs/Bittgangs« können wir aufnehmen, indem wir Kinder, ihre Familien, die Gemeinde zu einem Stationen-/Pilgerweg um die Kirche, um den Ort einladen. Mit dem »Umgang« verbindet sich neben den besonderen Erfahrungen auch die Sensibilität für Beziehung/Gemeinschaft und wertschätzenden Umgang miteinander.

Mögliche Pilger-Stationen

- *In der Kirche:* Das Deckengewölbe/den Kirchenhimmel betrachten: Was gibt es hier zu sehen? Wir legen uns auf den Kirchenboden und schauen in den »Kirchen-Himmel«
- *Im Kirchgarten/auf einer Wiese:* Wir setzen/ legen uns hin und schauen in den Himmel … An wen denken wir nun besonders/für wen wollen wir bitten, wofür möchten wir danken? Wir lassen unseren Dank, unsere Bitten, unsere Gebete in den Himmel steigen.

- *An einem Wegkreuz:* Wir erbitten Gottes Segen für unseren Weg, für unsere Familien, für die Nachbarn und Nachbarinnen, für die Gemeinde. Wir lassen uns segnen/segnen einander für den weiteren Lebensweg.

An oder zwischen den Stationen kann das Lied: »Weißt Du, wo der Himmel ist« … und »Segne uns mit der Weite des Himmels« gesungen werden.
Das Ende des Pilgerwegs kann mit einem kleinen Picknick beschlossen werden, bei dem wir teilen, was die Kinder und Erwachsenen mitgebracht haben.

Postkarten-Puzzle
Kunstpostkarten zu Himmelfahrt mit den Kindern betrachten. Dann können die Postkarten zu einem Puzzle zerschnitten und von den Kindern alleine oder in Gruppen wieder zusammengesetzt werden.

Stichworte:
Himmel, Wolken, Gott, Jesus, heiliger Geist, Beistand, Himmelfahrt, Segen

Christine Wolf

Pfingsten
Leben aus Gottes Geist

04./05.06.2017
(Pfingsten)
Gottes Geist begeistert – Pfingsten
(Apostelgeschichte 2,1-41 i.A.)

11.06.2017
(Trinitatis)
Gottes Geist schenkt Leben –
Heilung am Tor
(Apostelgeschichte 3,1-6)

18.06.2017
(1. Sonntag nach Trinitatis)
Gottes Geist führt zusammen –
Taufe der Lydia
(Apostelgeschichte 16,11-15)

Lukas beschreibt in der Apostelgeschichte, wie der Heilige Geist wirkt und die Kirche sich immer weiter ausbreitet. Unsere drei Bibelstellen lassen sich da fast wie eine Kurzfassung lesen. Von Jerusalem, wo sich an Pfingsten gleich rund 3.000 Menschen taufen lassen, kommt der Glaube an Jesus Christus nach Europa, »bis an die Enden der Erde« (Apg 1,8). Die Kirche, eine große Gemeinschaft, entsteht.
Der Heilige Geist gibt an Pfingsten den verunsicherten Jüngern neuen Mut, so dass sie sich trauen, in Jerusalem zu predigen, und Menschen verschiedener Nationen erreichen. Die Kirche wird »geboren«.
Einige Zeit später kann Petrus durch die Kraft Gottes den gelähmten Bettler an der »schönen Pforte« des Tempels von Jerusalem heilen. Die Menge staunt über das Wunder, und Petrus kann von Jesus erzählen. Durch Tat und Wort breitet sich der Glaube immer weiter aus.
In der dritten Geschichte kommt Paulus, durch den Heiligen Geist geleitet, nach Griechenland. (Paulus hat zuvor eine Traumvision von einem Mann, der ihn nach Philippi hinüberruft.) Die erste Person, die auf seine Predigt anspricht und sich taufen lässt, ist Lydia, die Purpurhändlerin. Sie gilt damit als erste Christin Europas.
Kinder fragen gerne danach, wie etwas entstanden ist. In unseren Geschichten hören sie von der Entstehung der Kirche und der Ausbreitung des Glaubens. Sie erfahren, wie der Heilige Geist immer weiterwirkt und Menschen im Glauben an Jesus zusammenführt. Dieses Wirken geht bis heute weiter. Der Heilige Geist erfasst Menschen, und wir können seine Kraft immer wieder spüren und weitergeben.
Für Kinder ist es wichtig, zu einer Gemeinschaft dazuzugehören. Unsere Reihe macht ihnen deutlich: In der Kirche gehören sie durch die Taufe ganz fest dazu. Wenn wir das Pfingstfest feiern, den »Geburtstag« der Kirche, dann sind sie – als Teil der Kirche – selbst »Geburtstagskinder«. Es ist schön, Teil dieser Gemeinschaft zu sein und auf Gottes Geist vertrauen zu dürfen.

Zusammenkommen – sich Gott zuwenden

Votum

Wir feiern diesen Gottesdienst im Namen Gottes,
des Vaters, der die Welt erschaffen hat,
und des Sohnes, der uns zeigt, wie sehr er die Kinder lieb hat,
und des Heiligen Geistes, der uns alle miteinander verbindet.

Eingangsgebet

Bei diesem Gebet können die größeren Kinder als »Sprecher« eingebunden werden. Es empfiehlt sich, dazu das Gebet für jeden Sprecher auf DIN A4 zu kopieren und zu markieren, so dass die Kinder ihren Teil gut lesen können. Alle anderen, auch die kleinen Kinder, stimmen in den Kehrvers ein. Er sollte vor dem Gebet kurz eingeübt werden.

Alle: Guter Gott, wir danken dir. Du hast uns lieb.
Sprecher 1: Guter Gott, wir sind hier im Gottesdienst zusammengekommen, um zu singen, zu beten und von dir zu hören. Wir wissen, du meinst es gut mit uns.
Alle: Guter Gott, wir danken dir. Du hast uns lieb.
Sprecher 2: Guter Gott, du hast die Welt geschaffen. Wir staunen, wie schön alles ist: Die Blumen blühen, und viele verschiedene Tiere können wir auf der Erde sehen.
Alle: Guter Gott, wir danken dir. Du hast uns lieb.
Sprecher 3: Du hast uns Menschen gegeben, die gerne bei uns sind und die uns mögen: Mama, Papa, Oma, Opa, manche haben Geschwister, Freunde und Freundinnen.
Alle: Guter Gott, wir danken dir. Du hast uns lieb.
Sprecher 4: Guter Gott, du gibst uns Kraft, wenn wir mutlos sind. Dein Heiliger Geist hilft uns, wenn es uns schlecht geht. Ganz unsichtbar ist er bei uns.
Alle: Guter Gott, wir danken dir. Du hast uns lieb.
Sprecher 5: Guter Gott, du führst Menschen in der Kirche zusammen. Wir sind durch deinen Heiligen Geist eine große Gemeinschaft. Dafür danken wir dir.
Alle: Guter Gott, wir danken dir. Du hast uns lieb.
Amen.

Hören – Antworten

Lieder
Das Lied »Komm, heilger Geist« (KG 70, EG BT 564) kann man im Refrain auch gut im Vorsänger-Nachsänger-Prinzip singen.
Ähnlich lässt sich auch das Lied »Du, Herr, gabst uns dein festes Wort« (Kommt, atmet auf 0159) singen, indem die Kinder auf Zeichen in den Bittruf »Gib uns allen deinen Geist« einstimmen.

Feiern – Teilen

Sowohl an Pfingsten, als auch am 1. Sonntag nach Trinitatis passt eine **Tauferinnerungsfeier**.
Dazu bieten sich verschiedene Möglichkeiten an:

- Die Kinder können ihre Taufkerzen mitbringen oder neue Tauferinnerungskerzen gestalten. Nach kurzen Worten am Taufbecken können sie an der Osterkerze entzündet werden.
- Alle Kinder können am Taufbecken einen Finger ins Wasser tauchen und mit den Worten: »Ich bin getauft, ich gehöre dazu« ein Kreuz mit dem nassen Finger auf die andere Hand zeichnen.
- Weiter lassen sich Tauferinnerungsblumen basteln, auf die die Kinder ihren eigenen Namen schreiben.

Zeichnung: Andreas Kraft

Einfach die Blumen auf buntes Papier kopieren, ausschneiden, die Blütenblätter nach vorne einklappen, um sie dann im Wasser des Taufbeckens aufgehen zu lassen. Achtung: Blütenblätter müssen nach oben zeigen. Namen mit einem wasserunlöslichen Stift schreiben.

Kurze Worte zur Tauferinnerungsfeier:
Wir stehen hier am Taufbecken. Mit dem Wasser aus diesem Becken und dem Segen werden Menschen in die Kirche aufgenommen. Gott spricht uns hier seine Liebe zu. Er will uns begleiten, wohin wir gehen.
Viele von uns sind als kleine Kinder getauft worden und können sich nicht mehr an den Tag erinnern.

Foto: Andreas Kraft

Aber ihr habt damals eine Taufkerze bekommen (oder eine Taufkerze gebastelt); sie sagt euch, dass ihr getauft seid. Und so wollen wir diese nun an der Osterkerze anzünden. Christus spricht: Wer mir nachfolgt, wird nicht im Finstern wandeln, sondern das Licht des Lebens haben. Durch die Taufe möchte Gott euer Leben hell machen.
Ihr habt Taufblumen mit eurem Namen beschrieben. Wir wollen sie nun ins Wasser legen. Sie sollen euch sagen: Ihr gehört zu Gott, ihr gehört zur Kirche.

Sendung – Segen

Alle Kinder können am Taufbecken einen Finger ins Wasser tauchen und mit den Worten »Ich bin getauft, ich gehöre dazu« ein Kreuz mit dem nassen Finger auf die andere Hand zeichnen *(siehe oben Tauferinnerung)*.

Kurzgeschichte

Geburtstage sind für Kinder besonders wichtig. Sie zeigen ihnen, wie sehr wir uns freuen, dass sie bei uns sind. Etwas Schönes ist es auch, bei anderen zum Geburtstag eingeladen zu sein. Geburtstage veranschaulichen so, mit wem man in Freundschaft verbunden ist. Dieses Anspiel eignet sich zur Erzählung der Pfingstgeschichte oder auch als Element für einen Familiengottesdienst.
Vor dem Gottesdienst muss zur »Aktion in der Geschichte« eine kleine Kirche aufgebaut werden. Sie lässt sich ganz einfach machen, indem eine große Decke, die bis zum Boden reicht, über einen Tisch gelegt wird. Unter dem Tisch befindet sich ein Spiegel. Neben dem Tisch wird der Kirchturm aus Kisten oder einer Leiter gebaut, die wieder mit Tüchern verhängt wird.

Fotos: Andreas Kraft

Während des Anspiels kriechen die Kinder unter den Tisch und erkennen sich selbst als Teil der Kirche im Spiegel.

Zu Beginn werden die Kinder vom Erzähler aufgefordert, ein Geburtstagslied (z.B. »Zum Geburtstag viel Glück«) zu singen.

Der Wiedehopf erscheint.

Wiedehopf: Was ist denn hier los? Ich denk, ich bin im Gottesdienst! Da singt man doch andere Lieder. Kennt ihr nicht so was wie »Gottes Liebe ist so wunderbar«? Und was habt ihr hier eigentlich grade gesungen?
Geburtstag ...? Hat hier jemand von euch Geburtstag? (Kinder fragen) Nein? Warum habt ihr denn das gesungen?

Erzähler: Weil die Kirche Geburtstag hat!

Wiedehopf: Die Kirche? Wie soll denn die Geburtstag haben, die ist ja gar nicht geboren! Das gibt's doch nicht.

Erzähler: Geboren wie wir ist sie nicht, aber vor langer Zeit – nachdem Jesus auferstanden war – hat alles angefangen. Da ist die Kirche schon sozusagen

»geboren« worden. Ich kann euch ja mal erzählen, wie das war: Die Jünger, die Freunde von Jesus, fühlten sich damals sehr allein, nachdem Jesus nach seiner Auferstehung zu Gott in den Himmel gegangen war. Sie zogen sich in ein Haus zurück, waren mutlos und trauten sich nicht, anderen von Jesus zu erzählen.

Aber dann, auf ein Mal, waren sie wie verwandelt. Die Jünger rissen Türen und Fenster auf. Und sie waren mutig, liefen auf die Straße und begannen, allen ohne Angst von Jesus zu erzählen.

Wiedehopf: Wie? Was? Das hab ich nicht verstanden. Erst ängstlich und dann plötzlich mutig ... Wie geht das?

Erzähler: Die Jünger haben erzählt, was mit ihnen passiert ist: »Plötzlich haben wir den Heiligen Geist gespürt. Gott hat ihn uns geschickt. Er machte uns wieder mutig. Wir konnten gar nicht anders, als auf die Straße zu gehen und allen von Jesus zu erzählen. Und der Heilige Geist half auch, dass viele anfingen an Jesus zu glauben. Viele ließen sich auch taufen.« Das war der Geburtstag der Kirche. So wurde die Kirche geboren. Und heute sind wir ganz viele, die die Kirche bilden.

Wiedehopf: Was? Wer ist denn jetzt die Kirche? Ich hab immer gedacht, die Kirche ist ein Haus. Das Haus, in dem ich wohn. Wo ich mein Nest hab im Turm. Stimmt das jetzt nicht?

Erzähler: Du hast schon recht, das Haus heißt auch Kirche. Aber eigentlich ist die Kirche nicht nur ein Haus, sondern viel mehr. Die Kirche besteht aus vielen Menschen, die alle an Jesus glauben. Und sie alle dürfen heute Geburtstag feiern. Schaut mal nach, wer alles feiert.

(Aktion: Kinder gehen einzeln zur aufgebauten Kirche und schauen unter dem Tuch in den Spiegel, um sich selbst zu sehen. Sie sollen nicht verraten, wen sie gesehen haben .... als letzter geht der Wiedehopf.)

Wiedehopf: Huch, da ist ja ein Wiedehopf in der Kirche! Ach nein, das bin ja ich. *(Er fragt andere Kinder:)* Sag mal, wen hast du denn gesehen? Und du?

Erzähler: Hast du verstanden? Wir haben uns alle gesehen, weil wir alle Geburtstag haben. Wir alle sind die Kirche. Und wenn die Kirche an Pfingsten Geburtstag hat, dann haben wir alle Geburtstag. Verstehst du das?

Foto: Andreas Kraft

Wiedehopf: So ganz nicht. Aber ich fang schon mal an zu gratulieren. Geht zu einem Kind: Herzlichen Glückwunsch zum Geburtstag. Herzlichen Glückwunsch ...

Erzähler: So, dann feiern wir jetzt auch den Geburtstag ...

Kreative Ideen

Pfingsten

Geburtstagsfeier:
Mit Tanz, Kuchen, Kerzen ausblasen und Spielen (z.B.: Mein rechter, rechter Platz ist frei, Topfschlagen, Obstsalat) lässt sich der Geburtstag fröhlich feiern.
Weiter kann auch hier eine Tauferinnerung stattfinden, wenn sie nicht am 1. Sonntag nach Trinitatis gewählt wird.

Trinitatis

Zur Vertiefung der erzählten Geschichte, können die Kinder sie als Rückengeschichte nacherzählen. Dazu sucht sich jedes Kind ein anderes. Eines von beiden kauert sich auf den Boden, mit den Knien am Kinn, den Rücken nach oben. Nun kann mit den Partnerkindern überlegt werden, wie sich die Geschichte auf dem Rücken mit dem Finger zeichnen lässt. (Stichpunkte können sein: Um die neunte Stunde – wird ein Gelähmter von seinen Freunden getragen – zum schönen Tor – Petrus und Johannes kommen – sie haben kein Geld – aber sie richten ihn auf.) Zum Schluss wird dem kauernden Kind aufgeholfen, es kann sich strecken, und es folgt ein Kreistanz als Ausdruck der Freude, dass er sich wieder bewegen kann. In einer zweiten Runde tauschen die Partner ihre Rollen.
Liedvorschläge für den Kreistanz: »Lasst uns miteinander« (KG 189, EG BT 610), »Hevenu schalom« (KG 131; EG 433).

1. Sonntag nach Trinitatis

Neben der Tauferinnerungsfeier (*vgl. Feiern – Teilen*) lässt sich auch auf andere Weise sichtbar machen, dass man zur Kirche dazugehört.

Kirchenbild
Auf ein Plakat werden die Umrisse des eigenen Kirchengebäudes gemalt. Die Kinder dürfen ihre Namen in die Kirche schreiben. Anschließend können sie die Kirchenfenster ausmalen. Das Plakat wird in der Kirche oder im Kindergottesdienstraum aufgehängt.

An den kommenden Sonntagen können die Namen der Kinder, die weiter zum Kindergottesdienst gehören, nachgetragen werden.
Alternativ lässt sich auch der Taufstein malen und die Namen der Kinder darauf schreiben.

Spiel
Wenn die Geschichte mit der Vision des Paulus erzählt wird, die ihn nach Griechenland führt, bietet sich ein Spiel an: Quer durch den Raum werden Tücher (oder Zeitungen) wie Inseln gelegt. Die Kinder werden in zwei Gruppen aufgeteilt, die sich im Raum gegenüberstehen. Nun können die Kinder einer Gruppe nacheinander über die Inseln gehen/hüpfen/springen, um auf die andere Seite zu gelangen. Jedem Kind wird, bevor es startet, ein Wort ins Ohr geflüstert, das es den anderen mitteilt (z.B.: Du – bist – getauft – wir – gehören – zusammen). Anschließend darf die andere Gruppe sich mit einem neuen Satz auf den Weg machen.

Stichpunkte
Geburtstag, Gemeinschaft , Kirche, Pfingsten, Taufe

Andreas Kraft

Frag-würdige Reden von Gott

25.06.2017
(2. Sonntag nach Trinitatis)
Der bittende Freund
(Lukas 11,5-13)

02.07.2017
(3. Sonntag nach Trinitatis)
Die energische Witwe
(Lukas 18,1-8a)

09.07.2017
(4. Sonntag nach Trinitatis)
Der barmherzige Vater
(Lukas 15,11-32)

16.07.2017
(5. Sonntag nach Trinitatis)
Die behütende Glucke
(Lukas 13,34b-35)

Didaktische Klammer

Gott stellt sich Mose am brennenden Dornbusch als der »Ich werde sein, der ich sein werde« vor. Sein Name deutet an: Gott bleibt in seiner Beziehung zum Menschen frei, rätselhaft und geheimnisvoll. So gibt es viele frag-würdige Geschichten, Reden und Bilder von Gott in der Bibel. Frag-würdige Reden von Gott gibt es auch im Lukasevangelium. In der Geschichte vom bittenden Freund (Lk 11,5-13) wird die Frage aufgeworfen: Gute Freunde (und Freundinnen auch) stehen zusammen – wirklich immer? Es gibt ungerechte Richter in der Welt, die lange kein Recht schaffen, obwohl das Unrecht bis zum Himmel schreit. (Lk 18,1-8a) Durch die Geschichte von der energischen Witwe wird Gott in die Nähe des ungerechten Richters gerückt. Um die Frage: Barmherzigkeit oder Gerechtigkeit? geht es in der Geschichte vom barmherzigen Vater (Lk 15,11-32). Er stößt seinen älteren Sohn vor den Kopf, indem er seinen jüngeren Sohn wieder in sein Haus aufnimmt. Das Bild von Gott als der behütenden Glucke lässt fragen, ob ein ständiger göttlicher Rundumschutz den menschlichen Freiheitsdrang nicht allzu sehr einschränkt. Die Beziehung von Gott und Mensch bleibt immer ambivalent. Gott selbst bleibt frag-würdig. Die Fragwürdigkeit Gottes wird durch die »Mein-Freund-Gott-Schachtel«, die schwarz-weiß Silhouette, den Kreisel und die Drehscheibe verdeutlicht. Die Elemente der Reihe können im wöchentlichen Kindergottesdienst oder in einer monatlichen Kinderkirche genutzt werden.

Liturgische Gestaltung

Zusammenkommen – sich Gott zuwenden

Psalm 139 nimmt die Fragwürdigkeit Gottes in seiner Beziehung zum Menschen auf, macht aber gleichzeitig deutlich, dass Gott dem Menschen immer nah ist, ihn sieht und versteht. Der kursiv gedruckte Kehrvers wird von allen gemeinsam gesprochen.

Gott ist immer bei mir (nach Psalm 139)

Herr, du erforschest und kennest mich.
Ich sitze oder stehe auf, so weißt du es.
Du verstehst meine Gedanken von ferne.

Ob ich beschäftigt bin oder mich ausruhe,
du siehst mich.
Jeder Schritt, den ich mache,
ist dir bekannt.
Von allen Seiten umgibst du mich
und hältst deine Hand über mir.
Diese Erkenntnis ist mir zu wunderbar und zu hoch.
Ich kann sie nicht begreifen.

Kehrvers

Wohin könnte ich fliehen vor dir,
wo mich vor dir verstecken?
Stiege ich hinauf in den Himmel –
so wärest du da.
Versteckte ich mich in der tiefsten Tiefe der Erde.
So wärest du auch da.

Kehrvers

Nähme ich Flügel der Morgenröte
und flöge bis zum äußersten Meer,
so würdest du mich auch dort finden.
Spräche ich: »Finsternis soll mich bedecken,
rings um mich werde es Nacht statt Licht«,
so wäre auch Finsternis nicht finster bei dir
und die Nacht leuchtete wie der Tag.

Kehrvers

Gott, du hast mich geschaffen.
Du bist mir nah und stehst mir bei.
Ich danke dir, dass ich wunderbar gemacht bin.
Wunderbar sind deine Werke.
Das erkennt meine Seele.

Kehrvers

Nächtelang denke ich über dich nach
und komme an kein Ende.
Erforsche mich, Gott, sieh mir ins Herz,
prüfe meine Wünsche und Gedanken!
Und wenn ich in Gefahr bin, mich von dir zu entfernen,
dann bring mich zurück auf den Weg zu dir!

Amen.

Dieter Witt, in: Dir kann ich alles sagen, Gott. Psalmenübertragungen nicht nur für Kinder, Rheinischer Verband für Kindergottesdienst, S.140f.

Kurzgeschichte

In dem wunderbaren Bilderbuch »Wie siehst du aus, Gott?« beschreibt Marie-Hélène Delval viele Gottesbilder und weitet den Blick auf Gott. Zwei ihrer Beschreibungen helfen Menschen, mit der Fragwürdigkeit Gottes umzugehen. Die kurzen Texte sind Gesprächsanregung im Vorbereitungskreis über die Fragwürdigkeit Gottes. Sie können Kindern Antworten auf Fragen geben. Sie können ebenso als Anregung für die Formulierung eigener Gebete genommen werden.

Gott, du bist Geheimnis.

Alles möchten wir über Gott wissen,
entdecken, wo er ist und wie er aussieht.
Sofort möchten wir es wissen!
Aber Gott bleibt uns doch verborgen.
Doch wir sollten nicht aufhören,
ihn zu suchen. Denn er möchte gefunden werden.
Damit hat Gott es aber nicht sehr eilig.
Das macht nichts. Wir haben ein ganzes Leben Zeit,
ihm und seinem Geheimnis näher zu kommen.

Gott, du bist rätselhaft.

Gott ist jedem Menschen nah, auch wenn wir meinen,
er sei nicht da. Mit Liebe umsorgt er die ganze Welt.
Dennoch ist das Leid und das Böse in der Welt.
Gott ist mächtig und zugleich erscheint er uns schwach.
Wir wollen wissen, wer er ist, doch er zeigt sich nicht.
Gott hat uns nach seinem Bild geschaffen
Und ist doch der ganz Andere.
Wenn Gott nicht rätselhaft wäre,
würden wir dann nach ihm fragen?

Aus: Marie-Hélène Delval, Wie siehst du aus, Gott? Mit Bildern von Barbara Nascimbeni. Ins Deutsche übertragen von Rainer Oberthür und Jean-Pierre Sterck-Degueldre,

Kreative Ideen

Lukas 11,5-13

»Ich sage euch: Und wenn er schon nicht aufsteht und ihm etwas gibt, weil er sein Freund ist …« Gute Freunde und Freundinnen helfen einander zu jeder Zeit und öffnen ihre Türen füreinander. In der Geschichte, die Jesus erzählt, ist Gott der gute Freund, der den Menschen gibt, was sie brauchen. Aber manchmal lassen sich gute Freunde und Freundinnen trotz aller Bitten nicht erweichen zu helfen. Diese Erfahrung machen Kinder und Erwachsene ebenso mit Gott. Sie sprechen mit Gott, sie bringen Gott ihre Sorgen und Nöte, bitten um Veränderung und nichts passiert. Gott als Freund ist wie ein menschlicher Freund nicht berechenbar. Er handelt frei. Diese Freiheit Gottes wird in einer »Mein-Freund-Gott-Schachtel« dargestellt.

Material pro Kind:

- 1 große blanko Streichholzschachtel
- 2 Kreise aus gelbem Papier
  (die Kreise müssen nebeneinander in die Streichholzschachtel passen)
- Buntstifte/Filzstifte
- Schere
- Kleber

Die Kinder malen auf den einen Kreis ein lächelndes Gesicht (Smiley) und auf den anderen Kreis ein Gesicht mit heruntergezogenen Mundwinkeln. Sie kleben die beiden Gesichter im größtmöglichen Abstand innen in die Streichholzschachtel. Oben auf den Schiebedeckel der Streichholzschachtel wird geschrieben: Mein Freund Gott. Anschließend wird die Schachtel in den Schiebedeckel geschoben. Wird die Schachtel nun an der einen Seite aufgeschoben, erscheint das lächelnde Gesicht; an der anderen Seite aufgeschoben, wird das Gesicht sichtbar, von dem nichts zu erwarten ist. Beide Gesichter gehören zu Gott. Trotzdem ist Gott mein Freund.

Lukas 18,1-8a

»Sollte Gott nicht auch Recht schaffen seinen Auserwählten, die zu ihm Tag und Nacht rufen, und sollte er's bei ihnen lange hinziehen?« Gott hat Ähnlichkeit mit dem ungerechten Richter. Den Menschen geht es mit Gott oft so wie der Witwe mit dem Richter. Sie kämpft energisch um ihr Recht und erfährt erstmal: Er will lange kein Recht schaffen. Ein dunkles Bild von Gott wird hier gezeichnet. Die Erfüllung der Worte: »Ich sage euch: Er wird ihnen Recht schaffen in Kürze«, steht noch aus. Gott bleibt geheimnisvoll. Gott ist Licht und Finsternis. Gott hat helle und dunkle Seiten. Dies wird mit einer schwarz-weißen Silhouette verdeutlicht.

Material pro Kind:

- 1 Vorlage mit schwarzer Silhouette (auf DIN A4 vergrößert)
- 1 DIN-A4-Bogen weißes Tonpapier

- Schere
- Kleber
- Faden
- Nadel

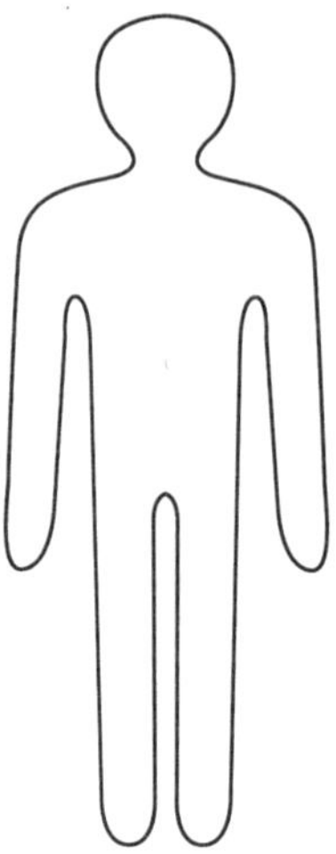

Die Kinder kleben die Vorlage mit der schwarzen Silhouette auf das weiße Tonpapier. Sie schneiden die schwarze Silhouette aus. So erhalten sie einen Umriss, der auf der einen Seite schwarz und auf der anderen Seite weiß ist. In den Kopf der Silhouette wird oben am Rand mit der Nadel ein Loch durchgestochen und ein mindestens 60 cm langer Faden durchgefädelt, dessen Enden miteinander verknotet werden. Am Faden in der Hand gehalten oder an die Zimmerdecke gehängt, dreht sich die Silhouette und erinnert an den geheimnisvollen Gott.

Zeichnung: Eva Forssman

Lukas15,11-32

»Du solltest aber fröhlich und guten Mutes sein; denn dieser dein Bruder war tot und ist wieder lebendig geworden, er war verloren und ist wiedergefunden.« Mit diesem Satz endet die Geschichte »Vom barmherzigen Vater«. Dem älteren Sohn fällt es unendlich schwer zu akzeptieren, dass sein Vater seinem jüngeren Bruder gegenüber gnädig und barmherzig ist. Er fordert Gerechtigkeit. In seinen Augen wird er selbst von seinem Vater ungerecht behandelt. Der Vater liebt beide Söhne. Er will, dass das Leben seiner beiden Söhne rund läuft, darum ist er gnädig und barmherzig. Auch wenn seine Gnade und Barmherzigkeit seinen älteren Sohn vor den Kopf stoßen. Gott ist der Vater in der Geschichte. Gott möchte, dass es in unserem Leben rundläuft. Darum verzichtet er uns und anderen gegenüber auf sein gutes Recht. Das Leben, das rundläuft, wird durch einen Kreisel symbolisiert.

Material pro Kind:

- 1 CD-Rohling
- 1 Holzkugel (15-20 mm dick mit einem Loch)
- 1 Holzspieß
- wasserfeste Folienstifte zum Bemalen des Rohlings
- Alleskleber oder Heißklebepistole
- Schere

Die Kinder malen die Unterseite des CD-Rohlings bunt an. Sie kleben den Holzspieß in der Kugel fest. (Die Spitze des Holzspießes muss unten aus der Kugel noch ein Stückchen herausragen.) Haben die Kinder den Holzspieß fest in der Kugel verklebt, setzen sie den CD-Rohling auf die Kugel und kleben beide zusammen. Beim Zusammenkleben ist darauf zu achten, dass der Holzspieß senkrecht zum CD-Rohling steht. So wird verhindert, dass der Kreisel später »eiert«.

Lukas 13,34b-35

»Wie oft habe ich deine Kinder versammeln wollen wie eine Henne ihre Küken unter ihre Flügel, und ihr habt nicht gewollt.« Jesus möchte die Menschen von Jerusalem beschützen, wie eine Henne ihre Küken. Die Menschen möchten nicht beschützt werden. Sie möchten frei ihre eigenen Wege gehen und ihre Entscheidungen treffen, selbst wenn es böse für sie ausgeht. Auch die Kinder brauchen Schutz: Gottes Schutz und den Schutz von Erwachsenen. Aber Kinder möchten auch frei ihre eigenen Wege gehen und sich ausprobieren. Die Frage ist: Wie viel Schutz ist wirklich nötig? Es geht darum, eine Balance zwischen Schutz und Freiheit zu finden. Diese Balance lässt sich gut in einem Dreh-Bild darstellen.

Material pro Kind:

- 1 runder blanko Bierdeckel
- 1 Kopie der Vorlage »Henne« und 1 Kopie der Vorlage »Küken«
  (die Vorlagen müssen so kopiert werden, dass sie auf den Bierdeckel passen)
- Buntstifte
- Schere
- Kleber
- Prickelnadel/Stricknadel
- Schnur/Wolle.

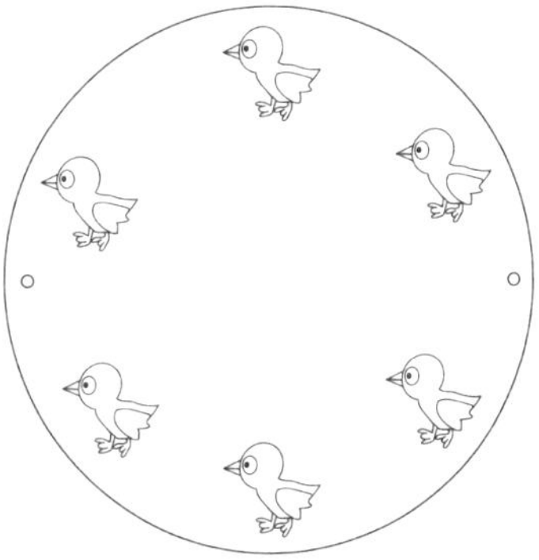

Zeichnung: Eva Forssman

Die Kinder malen die Vorlagen aus. Sie schneiden die Vorlage »Henne« aus und kleben sie auf eine Seite des Bierdeckels. Dann schneiden sie die Vorlage »Küken« aus und kleben sie auf die andere Seite des Bierdeckels. Nun wird mittig links und rechts mit der Prickelnadel/Stricknadel ein Loch in den Rand des Bierdeckels gestochen. Durch jedes Loch wird eine Schnur gefädelt und zugeknotet. Jetzt wird jede Schnur in eine Hand genommen, der Bierdeckel aufgedreht, die Schnur straff gespannt. Der Bierdeckel dreht sich so schnell, dass man beide Bilder in einem sieht: Die Küken sind um die Henne versammelt, die sie beschützt, wenn Gefahr droht.

Stichworte:

Fragwürdigkeit, »Mein-Freund-Gott-Schachtel«, Schwarz-weiß Silhouette, CD-Kreisel, Drehscheibe

Anke Schäfer

Und plötzlich war es anders
Jesus verändert das Leben

23.07.2017
(6. Sonntag nach Trinitatis)
Ein neuer Alltag für die Jüngerinnen und Jünger
(Lukas 5,1-11; 8,1-3)

30.07.2017
(7. Sonntag nach Trinitatis)
Eine neue Berufung für Levi
Lukas 5,27-32

06.08.2017
(8. Sonntag nach Trinitatis)
Ein neues Leben für die blutflüssige Frau
(Lukas 8,43-48)

13.08.2017
(9. Sonntag nach Trinitatis)
Ein neues Wertgefühl für das Kind in der Mitte
(Lukas 9,46-48)

Lukas erzählt in seinem Evangelium Geschichten, in denen Jesus sich den Kleinen und Schwachen zuwendet. Die Kleinen und Schwachen sind für Lukas alle, die am Rand der Gesellschaft stehen. Er meint damit Frauen, unheilbar Kranke, alle, die irgendwie Anstoß erregen. Die Menschen damals hatten gute Gründe für ihre Missachtung der Kleinen und Schwachen. Jesus stellt aber die Gründe in Frage und bezieht diese Ausgestoßenen mit ein. Damit war Jesus erfolgreich. Heute sind wir durch unsere christlich geprägte Erziehung daran gewöhnt, dass wir die Aufgabe haben, Schwächere zu integrieren. So können wir nicht nachvollziehen, was die Gründe waren, die die Menschen zur damaligen Zeit bewogen haben, Schwächere an den Rand der Gesellschaft zu schieben.

In den vier Geschichten schenkt Jesus Menschen eine neue Stellung in der Gesellschaft. Frauen und einfache Fischer dürfen bei ihm lernen. Levi verlässt seine Stelle und wird ein Schüler von Jesus. Jesus heilt eine unheilbar kranke Frau, die keine Kinder bekommen kann. Eine Frau ohne Kinder wurde damals verachtet. Sie hatte niemanden, der sie im Alter versorgen würde. Lukas erzählt gleichzeitig, wie die kleine Tochter des Jairus von den Toten auferweckt wird. Daraus können wir schließen, dass jetzt auch für die blutflüssige Frau die Hoffnung besteht, dass sie Kinder haben kann. Damit verändert sich ihr Leben, Jesus bringt Licht in ihr Leben. Schließlich stellt Jesus ein Kind neben sich. Der Platz neben dem König bedeutet, dass der König ihn als Stellvertreter mit großer Macht und großem Ansehen ausstattet. Jesus stellt das Kind neben sich. Das bedeutet, dass der König Jesus Kindern großes Ansehen schenkt. Sie werden Vorbild für die Mächtigen und Bedeutenden.

Wenn Jesus zu Menschen kommt, dann leuchtet er ihr Leben neu aus. Sein Licht verändert die Menschen. Ihr graues Leben wird hell und bunt. Etwas von Jesu Licht leuchtet aus ihnen heraus. Daher soll in dieser Ausarbeitung eine Laterne gestaltet werden, aus der das Christuslicht herausleuchtet und die zunächst blassen Bilder zum Leuchten bringt.

Liturgische Gestaltung

Zusammenkommen – sich Gott zuwenden

Psalmgebet (nach Psalm 27)

Lied: Kehrvers: Ich lobe meinen Gott von ganzem Herzen (EG 272)

Gott, du bist mein Licht und mein Heil;
Gott, du bist die Kraft meines Lebens.
Vor wem sollte ich mich fürchten?
Kehrvers
Das hätte ich gerne, Gott, darum bitte ich dich:
Dass ich bei dir bleiben kann, bei dir und deinem Haus,
denn du schützt mich wie ein Zelt.
Kehrvers
Du machst mich so groß, als stünde ich auf einem hohen Berg.
Du bist meine Hilfe und verlässt mich nicht.
Du nimmst mich auf, auch wenn ich mich von allen verlassen fühle.
Kehrvers
Ich glaube, dass ich deine Güte sehen werde.
Darum warte ich auf dich.
Darum bin ich getrost und unverzagt.
Kehrvers

Sendung – Segen

Zum Segen wird ein Kreis gebildet

Gott sei eine helle Flamme vor dir und vor mir.
(Hände an den Handballen aneinanderlegen und mit den Fingern wie ein Flamme spielen)

Gott leite dich und mich wie ein Stern.
(Hände nach oben strecken und die Finger wie einen funkelnden Stern bewegen)

Gott stärke dir und mir den Rücken.
(Hände auf den Rücken der Nachbarn legen)

Gott halte dich und mich in seiner Hand. Amen.
(Einander die Hände reichen und drücken. Beim Amen einander rechts und links zunicken)

Zornig ließ sich Daisy auf das Sofa im Wohnzimmer plumpsen. Sie riss die Sonnenbrille von der Nase und schleuderte sie auf den Teppich. Ich spiele nie mehr Spion. Spionspielen ist blöd. Niemand versteht Code. Und niemand spielt mit mir. Sie verschränkte die Arme über dem Bauch und starrte finster aus dem Fenster.
Dabei hatte alles so gut angefangen. Sie hatte sich mit schwarzem Filzstift einen wunderbaren Lippenbart gemalt und sich erinnert, wo sie ihre Sonnenbrille hingekramt hatte. Von Mamas Schminktisch hatte sie sich die Bürste als getarntes Telefon, die Parfümflasche für die unsichtbare Tinte und den Fön als geheimes Lichtschwert geholt. Als Erstes hatte sie ihren Code, die geheime Spionsprache, an ihrer Mama in der Küche ausprobiert. Ihre Mama hatte noch nicht mal erkannt, dass sie als unsichtbarer Spion in die Küche schlich. »Hallo, Daisy«, hatte Mama gesagt. »Ich bin nicht Daisy, sondern 006-und-ein-Stück. Das ist mein Spionname«, hatte sie geantwortet. »Und was machst du mit meinem Parfüm und meinem Fön und meiner Bürste?«, hatte Mama gefragt. Alles hatte ihr Daisy erklären müssen. Und im Garten war es so weitergegangen. Die Nachbarin hatte nicht verstanden, dass Daisy ein Spion war, und die Nachbarskatze Tiptoe sprang beim Anblick des Föns entsetzt über den Zaun. Daisys Freundin Gaby fand das Spionspiel langweilig und so war Daisy enttäuscht und wütend ins Wohnzimmer gerannt. Warum verstanden die Leute nicht, was ein Spion macht? »Alle sind blöd und dumm. Niemand versteht mich«, dachte Daisy.
Sie überlegte gerade, ob sie den Fernseher anmachen sollte, da erschien ein geheimnisvoller Fremder in der Tür. Er hatte einen Filzstiftbart wie Daisy und trug eine Sonnenbrille wie Daisy. Seine gewürfelte Jacke kam Daisy sehr bekannt vor. »Entschuldigen Sie, bitte«, flüsterte der geheimnisvolle Fremde mit verstellter Stimme. »Haben Sie vielleicht 006-und-ein-Stück gesehen?« Daisy setzte sich mit einem Ruck auf. Sie fischte die Sonnenbrille vom Teppich und setzte sie auf die Nase. Sie zappelte aufgeregt mit den Füßen und flüsterte: »Ja, ich habe ihn gesehen. Ich selber bin 006 und ein Stück« – »Das ist sehr gut. Ich habe eine wichtige Botschaft für 006-und-ein-Stück.«, wisperte der Fremde hinter vorgehaltener Hand. »Ich bin 0021-und-ein-Stück. Die Nachricht lautet: Die bunten Streusel treffen das Vanilleeis beim Abendessen. Und – die grüne Limonade trifft die Schokokekse unter der gelben Bettdecke Schlag 12.« 006-und-ein-Stück runzelte die Stirn. Dann sprang sie auf. »Ich weiß, was das bedeutet. Ich weiß es. Es heißt: Zum Abendessen gibt es deinen Lieblingsnachtisch und beim Zubettgehen kuscheln wir noch ein wenig unter der Decke. 0021-und-ein-Stück! Ich hole meinen Comic und meine Taschenlampe dazu.« Und das bedeutet, wie jeder Spion weiß: »Danke, Mama, du bist der beste Spion der Welt!«

Nacherzählt von Eva Forssman nach:
Kes Gray und Nick Sharatt: 006 and a Bit.
Daisy Picture Books Bd 5, Bodley Head 2006

Kastenlaterne mit vier Seiten

Die vorgeschlagene Kastenlaterne ist als durchgehendes Motiv für alle vier Sonntage oder als Entwicklung bei einem Kindertag mit viel Zeit einsetzbar. Die beleuchtete Laterne zeigt, wie das Licht einer Christuskerze die vorher blassen Figuren zum Leuchten bringt. Plötzlich ist alles anders, das ist mit der Laterne gut zu veranschaulichen.
Die Grafik zeigt, wie man eine solche Laterne selbst herstellen kann. Für kleinere Kinder sollte die Laterne auf DIN A2 hochkopiert werden. Die Längenmaße sind zusätzlich angegeben. Schneller ist es, in einem Bastelgeschäft fertige Laternen zu kaufen und die Kinder nur die Seiten gestalten zu lassen.

Am letzten Sonntag der Reihe kleben alle die Laterne zusammen, der Boden und ein Teelicht werden eingeklebt. Die Kerze wird angezündet und die Veränderung bestaunt. Die leuchtenden Laternen werden vor dem Segen in die Mitte gestellt.

Anleitung für den Bau einer viereckigen Laterne

Aus buntem DIN-A3-Fotokarton wird die Kastenlaterne nach der Vorlage (siehe unten) ausgeschnitten. Die gestrichelten Linien werden mit einem Cutter vorgeritzt und geknickt. Dann werden die Seitenwände gestaltet. Ein Fenster einer Seite sollte man als Schablone für das zu bemalende Papier aufheben.

Maße für DIN-A2-Fotokarton: 69,5 cm = Gesamtlänge, 27 cm = Gesamthöhe, die zu falzenden Kanten sind ebenfalls 1,5 cm breit, die vier Seiten der Laterne 17 x 24 cm. Der Boden hat dann die Kantenlänge 17 x 17 cm.

Zeichnung: Eva Forssman

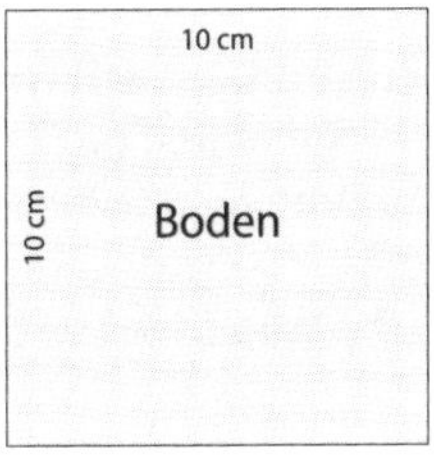

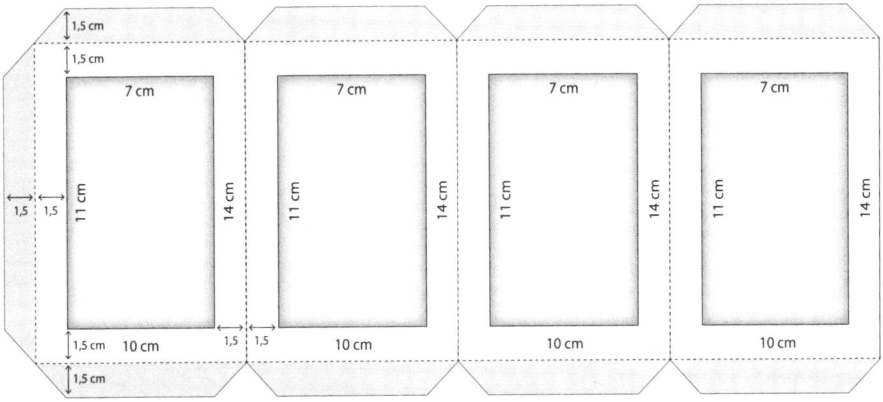

Nach jedem Kindergottesdienst wird eine Seite mit der jeweiligen Geschichte gestaltet. Dazu wird 4-mal Architektenpapier mit den Maßen 13 x 9,5 cm zurechtgeschnitten. Ich habe für die Laterne vier verschiedene Grundfarben gewählt. Mit der Schablone wird mit Bleistift die Fenstergröße angedeutet. Nur dieser Teil soll dann von den Kindern gestaltet werden. Am besten eignen sich gute Wachsmalkreiden oder Reiß- oder Schneidetechnik in verschiedenen Lagen mit Transparentpapier.
Die gestalteten Fenster werden innen in die Laterne eingeklebt. Beim letzten Kindergottesdienst wird die Laterne gefaltet und der Boden eingesetzt. Die DIN-A2-Variante ist groß genug, dass man mit einem Drahtbügel eine Aufhängung anbringen kann. Die Kerze muss sehr gut am Boden befestigt werden. Die DIN-A3-Variante kann mit einem Teelicht, das mittig am Boden festgeklebt wurde beleuchtet werden, sollte aber wegen der Brandgefahr nicht mit brennender Kerze herumgetragen werden.

6. Sonntag nach Trinitatis (1. Fenster)
Menschen folgen Jesus nach. Wegen der Berufung der Fischer am See Genezareth habe ich blaues Architektenpapier als Hintergrund gewählt. Die Kinder gestalten Menschen, die sich auf den Weg machen und dabei ihre Fischernetze zurücklassen

7. Sonntag nach Trinitatis (2. Fenster)
Für Levi habe ich grünes Papier gewählt, die Farbe der Hoffnung und des Wachsens. Er lässt seine alten Freunde zurück und hofft auf ein neues Leben. Er wächst in eine neue Gemeinschaft hinein. Die Kinder gestalten Levi, der sich von Jesus aus seinem alten in eine neues Leben rufen lässt.

8. Sonntag nach Trinitatis (3. Fenster)
Die geheilte Frau bekommt einen roten Hintergrund. Ihr Vertrauen auf Jesu Kräfte kommt von Herzen. Es ist eine Geschichte, in der es um Blut, aber auch um Herzblut geht. Der Frau steht auch ein neues Leben in Liebe offen. Die Kinder gestalten ihre Lieblingsszene aus der Geschichte.

9. Sonntag nach Trinitatis (4. Fenster)
Das Kind, das Jesus an seine Seite stellt, steht für jedes Kind. Darum gestalten die Kinder auf goldgelbem Hintergrund ein Selbstporträt. Jesus fasst auch sie golden ein.

Stichworte:
Berufung, Heilung, Kind, Krankheit, Licht, Veränderung

Eva Forssman

Foto: Holger Forssman

Jakob und Esau
Konkurrenz und Versöhnung

20.08.2017
(10. Sonntag nach Trinitatis)
Jakob und Esau, wer ist überlegen?
1 Mose 25,27-34

27.08.2017
(11. Sonntag nach Trinitatis)
Jakob und Esau: Der Betrug um den Erstgeburtssegen
1 Mose 27,1-40

03.09.2017
(12. Sonntag nach Trinitatis)
Jakob flieht vor Esau: Er träumt von der Himmelsleiter
1 Mose 27,41-46; 28,10-22

10.09.2017
(13. Sonntag nach Trinitatis)
Jakob und Esau, wer ist großzügiger?
1 Mose 33,1-16

Streit unter Geschwistern ist den aus geburtenstarken Jahrgängen Stammenden vertraut. Heute wachsen viele Kinder alleine auf. Themen wie Konkurrenz, Neid und Rivalität kennen auch sie. Wer ist beliebter? Wer kommt bei der Lehrerin besser an? Wer setzt sich wie durch? Wer hat den größten Erfolg? Dazu erleben Kinder heute unterschiedlichste Familienverbände mit ihren ganz eigenen Rivalitäten.

Bei Jakob und Esau steht schon vor der Geburt fest, was aus ihnen werden soll. »Der Ältere wird dem Jüngeren dienen«, sagt Gott der Mutter in der Schwangerschaft zu. Welch eine Aussicht für den Jüngeren, den Liebling der Mutter! Scheinbar. Beim Lesen der biblischen Texte wird deutlich: Auf diese Zusage vertraut Jakob nicht. Schon bei der Geburt hält er sich an der Ferse des Älteren fest. Später kauft er sich das Erstgeburtsrecht mit einem Essen. Das reicht aber nicht aus. Durch eine List erhält er den väterlichen Segen, mit dem das ganze Erbe verbunden ist. Danach bleibt ihm nur die Flucht. Ihm, dem alles wunderbar vorbestimmt ist. Sein Leben verläuft nicht glatt, wie man beim Hören der Zusage Gottes vor seiner Geburt vermuten möchte. Auch später ist er, der Listenreiche, immer wieder der, der überlistet wird. Aber: Zu allen Zeiten wird Gott bei ihm, dem Gesegneten und Auserwählten, bleiben. Diese Zusage macht er ihm durch die Himmelsleiter erneut. Allerdings muss Jakob durch eine harte Schule, um seine Persönlichkeit zu entwickeln, bevor er seinen neuen Namen Israel erhält und Esau wieder gegenübertritt.

Esau fühlt sich im Recht. Er ist der anerkannte Erstgeborene, der Lieblingssohn seines Vaters. Was soll ihm schon passieren? »Was kümmern mich meine Worte von gestern?« – was macht es schon, das Erstgeburtsrecht für ein Essen abzugeben? Er ist sich so sicher, dass er alles bekommt, dass Jakob keine Chance hat. Als dann tatsächlich, durch Jakobs List, Isaak Jakob segnet, die Zusage Gottes so wahr wird, ist er außer sich vor Wut und will den Bruder töten. Nach Jakobs Flucht vor seiner Drohung bleibt Esau mit den Eltern, allem Besitz und der Verantwortung dafür zurück. Gott ist auch bei ihm, das wird nach außen durch den wachsenden Wohlstand deutlich.

Nach langen Jahren und viel Abstand findet die Geschichte ein glückliches Ende, sie versöhnen sich. Nicht nur Kinder lieben es, wenn Geschichten gut ausgehen. Die Fülle

der Gefühle in den beschriebenen Beziehungen hat sich bis heute nicht geändert. Die Geschichte könnte auch heute spielen.
Am Ende steht hier die Versöhnung, weil beide aufeinander zugehen. Jakob unsicher hinkend, mit Geschenken, aus Angst vor seiner berechtigten Rache beschwichtigend, sich siebenmal verneigend. Esau, glücklich den Zwilling endlich wiederzusehen, mit offenen Armen, ohne die Wut von früher. Danach gehen sie versöhnt ihrer eigenen Wege.

Liturgische Gestaltung

Feiern – Teilen

bei der 4. Einheit
Jakob und Esau haben sich wieder versöhnt. Dies ist ein Anlass, ein Dankgebet zu sprechen, dass Versöhnung möglich ist, und gemeinsam zu feiern, mit Fladenbrot und Obst.

Gebet

Gott Jakobs und Esaus,
du bist auch unser Gott.
Der Segen, den du Jakob versprochen hast, gilt auch für uns.
Dafür danken wir dir und loben dich.
Wir bitten dich für alle, die mit ihren Geschwistern oder anderen im Streit leben. Schenke ihnen jeden Tag Geduld und neue Ideen, wie es zum Frieden kommen kann.
Wir bitten dich für alle Familien, die nicht miteinander auskommen. Lass sie immer wieder den Mut finden, aufeinander zuzugehen, sich zu ertragen, zu schätzen und einander zu vergeben.
Wir danken dir, dass du uns zeigst: Versöhnung ist möglich und du stehst uns dabei zur Seite.
Gemeinsam beten wir: Vater unser ...

Sendung – Segen

Segen spielt eine wichtige Rolle in den Geschichten von Jakob und Esau. Hierfür sollte ausreichend Zeit eingeplant werden. Die Kinder fassen sich an den Händen oder legen die rechte Hand auf die Schulter des Nachbarn.

Gott sagt: Ich bin mit dir und will dich behüten, wohin auch immer du gehst. Ich lasse dich nicht allein. Geh hin unter Gottes Schutz und Segen. Amen

Zum Abschluss der 3. oder der 4. Einheit kann jedes Kind einzeln (zum Abschied beim Verlassen des Erzählzeltes) gesalbt werden. Es ist eine Erinnerung an das Öl, das Jakob bei der Himmelsleiter verwendet hat.

Alternativ:

Gott segne und behüte dich.
Er schenke dir jemanden,
der mit dir lacht, wenn du traurig bist,
der einfach da ist, wenn du ihn brauchst,
der es freundlich mit dir meint, wenn du dir verloren vorkommst,
der dir eine Zuflucht bietet, wenn du Angst hast.
Er schenke dir Menschen, die mit dir durch dick und dünn gehen.
Gott der Allmächtige schenke dir seinen Segen.
Amen

Kurzgeschichte

Der beste kleine Bruder aller Zeiten
»Du bist doch die Ältere! – Du musst doch vernünftig sein!« Wenn ich diese Sätze höre, habe ich das Gefühl zu schrumpfen, wieder ein Schulkind zu sein. Ich höre und sehe meine Mutter vor mir. Mein kleiner Bruder steht grinsend hinter ihr. Er ist Mamas Liebling. Ich bin die ältere Schwester.
Wir hatten ein gemeinsames Kinderzimmer mit Stockbett. Später wurden zwei Einzelbetten daraus, das Zimmer in der Mitte geteilt. Es gab eine unsichtbare Grenze »mein« – »dein« Zimmer.
Die Unordnung meines Bruders quoll regelmäßig über diese Grenze. Die Kiste mit Lego-Steinen ausschütten und liegenlassen war seine Spezialität. Ihn hat das nicht gestört. Es war klar, wenn es ums Aufräumen ging, ist die Ältere und Vernünftigere dran.
Süßigkeiten gab es nur zu besonderen Anlässen. »Teilt euch die Sachen ein!« Das braucht man nicht, wenn man eine Schwester hat, die sich an diese Regel hält. Ruckzuck hatte mein Bruder seinen Teil gefuttert und sich auf die Suche gemacht. Keines meiner Verstecke war vor ihm sicher. Er hat sie alle gefunden! Habe ich mich beschwert, hieß es: »Dann pass eben besser auf deine Sachen auf, du bist die Ältere!«
Das führte unweigerlich zum Streit. Wir konnten uns richtig schlimm streiten, uns an-

schreien, raufen, richtig wehtun. Bis einer geheult hat oder ein Erwachsener dazwischen ist. Am schlimmsten wurde der Streit, wenn wir zusammen in unserem Zimmer waren. Natürlich war mein kleiner Bruder auch der beste kleine Bruder aller Zeiten. Vor allem bei oberlangweiligen Familienfesten, wenn sonst nur Erwachsene da waren. Er war ein toller Spielkamerad, wenn wir unterwegs waren. Mit ihm habe ich mich Sachen getraut, die ich alleine nie gewagt hätte. Wir hatten das tollste Versteck im Wäldchen bei unserer Siedlung. Zugegeben – ich war Papas Liebling! Ich durfte mit meinem Vater in seine Holzwerkstatt – nur er und ich. Mein Bruder war noch zu klein dafür, ich schon so groß und vernünftig! Dann kam eine schwierige Zeit. Mein Bruder hatte das Gefühl, dass mir immer alles, was ich anpacke gelingt und leicht fällt, der Schulabschuss, die Ausbildung, meinen Traumberuf zu finden. Aus seiner Sicht musste er um alles sehr hart kämpfen. Ich bin weit weg gezogen, habe ihn zurückgelassen bei den Eltern, allein in unserem Zimmer. Bei einem meiner Besuche haben wir uns dort, wie früher, richtig schlimm gestritten. Ich bin gegangen – noch weiter weg, lange war unser Kontakt unterbrochen.
Heute ist es Gott sei Dank wieder anders. Viele kleine Schritte haben uns wieder zusammengeführt. Ich wohne immer noch weit von meinem Geburtsort entfernt. Er ist dort geblieben. Wir sehen uns regelmäßig. Wir können uns auch felsenfest aufeinander verlassen, sind füreinander da. Mein kleiner Bruder ist wieder der beste, kleine Bruder aller Zeiten. Nur nahe zusammen wohnen wollen wir nicht mehr, damit das auch so bleibt.

Kreative Ideen

Erzählen im Zelt
Jakob und Esau waren Nomaden, daher bietet sich das Erzählen im Zelt im Sommer an, idealerweise im Freien, aber auch im Raum kann für die vier Einheiten ein »Zelt« aufgebaut werden. Es muss nicht perfekt sein. Für kleine Gruppen eignet sich ein Sonnenschirm, an dem Tücher als Seitenwände befestigt werden, größere Gruppe verwenden vier Sonnenschirmständer, diese werden mit (Bett-)Tüchern oder Decken bespannt, auch Tische so aufgestellt, dass sich ein trapezförmiger, mit Decken verkleideter Innenraum bildet. Den Boden mit Decken und Kissen auslegen. Alle sollen im Zelt Platz finden.

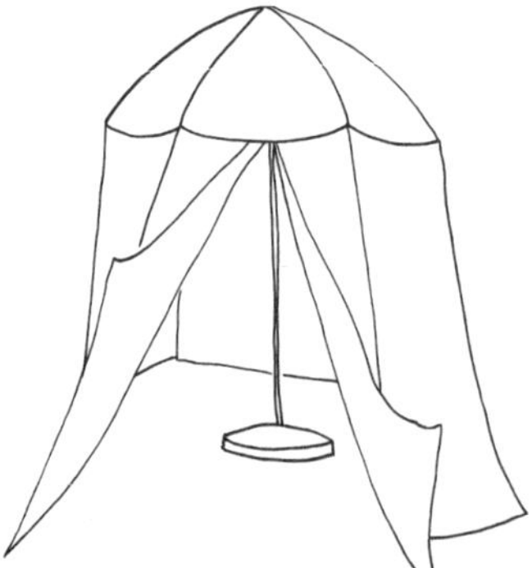

Zeichnungen:
Ute Christa Todt

Die Kinder werden am Zelteingang einzeln begrüßt, gebeten, die Schuhe auszuziehen und Platz zu nehmen.
Die Mitte kann »orientalisch« gestaltet werden, bunt gemusterte Tücher, Tablett mit Windlicht (Vorsicht Brandgefahr) und Blütenblätter, die Bibeltexte als Schrift- /Torarolle.

Jeden Sonntag kann ein Symbol ergänzt werden:

- Schale mit roten Linsen
- Fellstückchen
- Steine und Salböl
- Schatzkiste, Fladenbrot und Obst für das Fest

Spiele (nach dem langen Sitzen und Zuhören im Zelt)

Für die beiden nachfolgenden Spiele gilt: Paare bilden. Die Paare können wechseln. Vorab ein Signal (z.B. Pfiff) vereinbaren. Ertönt dies, müssen alle Kinder sofort erstarren.

Fersenhalter
Jedes Kind geht in die Hocke, umfasst mit den Händen seine Fersen und versucht, den Partner umzuschubsen. Das Spiel kann mehrmals wiederholt werden.

Wer ist überlegen? *(zu: Kräfte messen unter den Brüdern)*
Gleichstarke Paare bilden. Die Kinder stehen sich auf einem Bein mit verschränkten Armen gegenüber. Sie rempeln sich hüpfend an. Es verliert, wer als Erster aus dem Gleichgewicht kommt und beide Beine auf dem Boden hat.

Erkennst du mich, Isaak? *(zu: Betrug um den Erstgeburtssegen)*
Isaak (Kind oder Mitarbeiter) sitzt mit verbundenen Augen auf einem Stuhl. Die Gruppe steht im Halbkreis um Issaak. Rebecca (Spielleitung) wählt ein Kind aus, stellt es vor Isaak. Dieser muss ertasten, um wen es sich handelt. Errät er es, wird gewechselt.

Malen nach Zahlen
Bei einem Rätselbild »Malen nach Zahlen«, das für die Kinder kopiert werden kann, entsteht ein Bild eines orientalischen Zeltes.

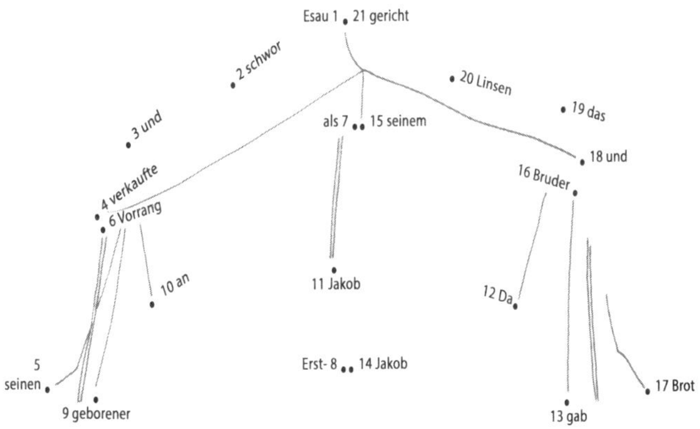

Zeichnung:
Ute Christa Todt

Jakob muss fliehen
Jede Art von Fangen-Spiele

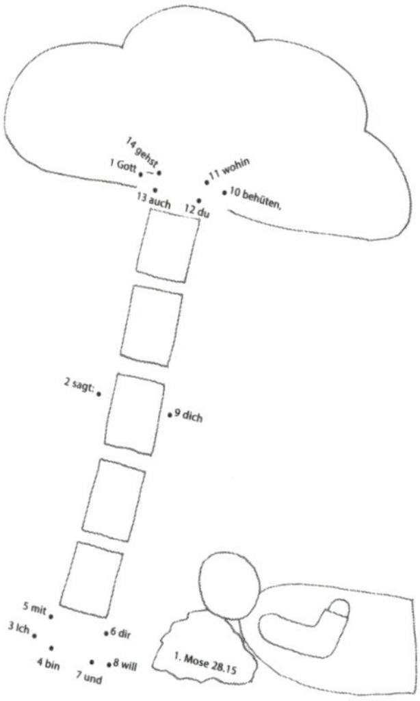

Himmelsleiter auf und ab *(zu: Er träumt von der Himmelsleiter)*
Auf einen Bogen Papier eine Leiter (Sprossen nach Alter der Kinder variieren) zeichnen. Die Lücken zwischen den Sprossen sind die Spielfelder. Gestartet wir unterhalb der untersten Sprosse, der Wendepunkt ist oberhalb der obersten Sprosse. Jedes Kind erhält einen Spielstein; wer wieder den Startpunkt erreicht, also beim Stein angelangt ist, auf den Jakob seinen Kopf legt, erhält ein Gummibärchen. Es gelten die Würfelregeln von Mensch-ärgere-dich-nicht; es darf aber nicht geworfen werden. Bei großen Gruppen mehrere Spielfelder anfertigen. Der Auf- und Abstieg kann wiederholt werden.

*Material***:** *Spielplan, Würfel, Mensch-ärgere-dich-nicht Figuren, Bonbons oder Gummibärchen*

Zeichnung:
Ute Christa Todt

Jakob verneigt sich vor Esau *(zu: Jakob und Esau, wer ist großzügiger?)*
Alle Sitzen im Stuhlkreis. Kind A wird ausgewählt. Es erhebt sich ganz leise, geht auf Kind B zu, verneigt sich. Kind B erhebt sich leise. A setzt sich auf den Platz von B. B geht weiter zu C und so fort. Es dürfen keine Geräusche gemacht werden. Das Tempo kann nach und nach gesteigert werden.

Jakob schickt Esau Geschenke
Ziel ist es, alle »Geschenke« durch den Parcours zu Esau zu bringen. Fällt ein Geschenk herunter, muss neu gestartet werden. Große Gruppen können geteilt werden und um die Wette laufen.

Material: (Tischtennis-)Bälle oder Stapel kleiner Bauklötze, Esslöffel, Hindernisparcours

Lieder:
Gott dein guter Segen ist wie ein großes Zelt (KG Nr. 220)
Lieber Gott schick uns deine Engel (KG Nr. 115)

Literaturtipp:
Erzähl es deinen Kindern. Die Thora in fünf Bänden, Band 1: Bereschit – Am Anfang
Kinderbibelwoche: Bleib bei mir Gott; zu beziehen über www.kirche-mit-kindern.de

Stichworte:
Betrug, Erbe, Geschwister, Segen, Versöhnung

Ute Christa Todt

Teilen und Danken

17.9.2017
(14. Sonntag nach Trinitatis)
Und sie teilten alles miteinander
(Apostelgeschichte 4,32-37)

24.9.2017
(15. Sonntag nach Trinitatis)
Bereit zum Teilen?
Ananias und Saphira
(Apostelgeschichte 5,1-11)

01.10.2017
(Erntedank)
Wir danken für alles, was wir zum Leben haben
(Psalm 136,1-9.25f.)

Didaktische Klammer

Das gehört mir, das gehört dir und wie geht teilen? Das sind Themen, die schon kleine Kinder beschäftigen. Unter Geschwistern oder Freunden gibt es oft Neid oder mangelnde Bereitschaft zu teilen. Von der Gütergemeinschaft der ersten Christen heißt es, dass sie alle Güter miteinander teilten. Dass dies nicht ganz einfach ist, zeigt die Geschichte von Ananias und Saphira. Mit dem Geld aus einem Ackerverkauf wollen die beiden ihren Teil zur Gütergemeinschaft beitragen. Allerdings sind sie dabei aus Geiz nicht ehrlich und behalten heimlich einen Teil des Geldes. Das widerspricht dem christlichen Grundsatz der Ehrlichkeit. Inwieweit der daraus folgende Tod der beiden mit Kindern thematisiert wird, sollte bei der Vorbereitung gut bedacht werden. Dieser Teil der Geschichte sollte allenfalls am Rande erwähnt werden. Am Abschluss der Reihe, an Erntedank, steht der Psalm 136. Er ist ein Aufruf, Gott und seine Schöpfung zu loben und zu preisen. Die Kinder sollen erfahren, dass nichts, was um sie herum wächst und blüht, selbstverständlich ist. Manchmal muss man auch genau hinschauen, um die Wunder der Natur zu entdecken. Am schönsten ist es, wenn man sie mit anderen teilen kann.

Liturgische Gestaltung

Zusammenkommen – sich Gott zuwenden

Votum

Im Namen Gottes, der jeden von uns geschaffen hat, sind wir heute hier zusammengekommen (*1. Kerze anzünden*)
Im Namen Jesus Christus wollen wir miteinander feiern *(2. Kerze anzünden)*
Und dabei Gottes guten Geist in unserer Mitte spüren *(3. Kerze anzünden)*

Hören – Antworten

Gebet nach Psalm 136

Eine/r: Gott hat den Himmel über uns gemacht.
Mädchen: Gott ist gnädig.
Jungen: Guter Gott, wir danken dir
Eine/r: Gott hat unsere Erde erschaffen.
Mädchen: Gott ist gnädig.
Jungen: Guter Gott, wir danken dir
Eine/r: Gott lässt die Sonne über uns scheinen.
Mädchen: Gott ist gnädig.
Jungen: Guter Gott, wir danken dir
Eine/r : In der Nacht leuchten für uns Mond und Sterne.
Mädchen: Gott ist gnädig.
Jungen: Guter Gott, wir danken dir
Eine/r: Gott lässt alles wachsen, damit Menschen und Tiere genug zu essen haben.
Mädchen: Gott ist gnädig.
Jungen: Guter Gott, wir danken dir

Sendung – Segen

Es segne uns Gott, der den Himmel und die Erde für uns gemacht hat,
es segne uns Jesus, der mit anderen geteilt hat,
es segne uns der Heilige Geist, der uns Kraft für ein gutes Miteinander gibt.

Kurzgeschichten

Die Kurzgeschichte von Felix Nimmersatt ist ein Impuls zum Thema »Und sie teilten alles miteinander«.

Felix Nimmersatt träumt
Der kleine Felix ist ein richtiger Nimmersatt. Was das ist? Felix will alles haben, die neuesten Spielsachen, die coolsten T-Shirts, die beste Schokolade und von allem möglichst viel. Mit anderen teilen kommt für Felix nicht in Frage. »Alles meins«, sagt er stolz, wenn

andere Kinder ihn besuchen. Doch irgendwann kommt kein Besuch mehr, schließlich lässt Felix niemanden mit seinen Sachen spielen und von seinen Süßigkeiten bekommt keiner auch nur das kleinste Stück.
Aber eines Tages geschieht etwas Seltsames. Felix liegt in seinem Bett und schaut gelangweilt an die Zimmerdecke. Mit einem Mal sieht er eine kleine Stadt vor sich. Die Menschen in der Stadt laufen umher, grüßen sich freundlich und haben alle ein Lächeln im Gesicht. Komisch, denkt Felix, was ist denn das für eine seltsame Stadt, die muss ich mir mal genauer anschauen. Er sieht, dass viele Menschen in der Stadt Sachen umhertragen. Sie bringen Kleidung, Essen und Geld in andere Häuser. Dann setzen sie sich um einen Tisch und teilen die Sachen untereinander auf, jeder bekommt das Gleiche. Aber nicht nur die Erwachsenen teilen, auch die Kinder bringen ihre Spielsachen und Schleckereien zu anderen Kindern und teilen alles, was sie haben. Das gibt es doch nicht, denkt Felix, wie kann man nur so dumm sein, all die tollen Dinge mit anderen zu teilen. Daher beschließt Felix, eines der Kinder aus der Stadt zu fragen: »Sag mal, warum gibst du denn den anderen Kindern soviel von deinen Sachen?«
»Weil teilen Spaß macht. Ich gebe etwas von meinen Sachen und dafür bekomme ich etwas anderes. In unserer Stadt teilt jeder alles, was er hat mit den anderen. Teilst du nicht Felix?«, antwortet das Kind.
Felix erschrickt, verwirrt öffnet er die Augen. »Was für ein Glück«, denkt Felix, »es war alles nur ein Traum. In unserer Stadt muss niemand teilen.«

Folgende Geschichte kann als Einstieg zum Thema »Bereit zum Teilen« verwendet werden.

Keiner hat's gemerkt
Leos großer Bruder Xaver geht schon in die Schule. Dort bereiten sie gerade eine tolle Sache vor, einen Spendenlauf. Xaver hat Leo ganz genau erklärt, was das ist. Alle Kinder der Schule laufen ein paar Meter oder Kilometer. Aber sie laufen die Strecke nicht umsonst. Mamas, Papas, Omas, Opas, Onkel und Tanten bezahlen Geld dafür. Aber nicht, dass du denkst, die Kinder dürfen das Geld dann behalten; dann wäre es nämlich kein Spendenlauf. Das Geld wird, wie der Name sagt, gespendet.
Xavers Schule schickt das Geld an eine andere Schule. Diese Schule befindet sich in Tansania, das liegt in Afrika.
Die Schule dort braucht das Geld, um für die Kinder Papier, Stifte und Bücher kaufen zu können. Denn viele Familien dort sind sehr arm und können das alles nicht selber bezahlen. Und dann ist der große Tag da. Leo darf Xaver heute zur Schule begleiten und ihn beim Laufen anfeuern. Xaver hat für den Lauf bei seinen Verwandten 15 Euro gesammelt. Das Geld muss er am Start bei seiner Lehrerin abgeben. Leo geht mit Xaver zum Startplatz.
»Na Xaver, wie viel Geld hast du denn eingesammelt?«, fragt die Lehrerin.
»10 Euro«, sagt Xaver stolz und gibt der Lehrerin das Geld.
» Aber ...«, sagt Leo.
Doch Xaver schaut Leo nur böse an und dann sagt Leo nichts mehr.

Zum Erntedankfest ist folgende Geschichte eine Anregung, gemeinsam die Natur zu entdecken.

Was ist denn da so toll?

Lisas Eltern genießen gerne die Natur. Lisa findet »Natur genießen« furchtbar langweilig. Deswegen ist sie auch nicht begeistert, als die Eltern einen Wochenendausflug aufs Land machen wollen. Dort wollen sie in einem Gasthof übernachten und im Zimmer gibt es nicht mal einen Fernseher. »Was soll ich denn dort die ganze Zeit machen«, mault Lisa.

»Du wirst schon was finden«, sagen die Eltern und lächeln sich an.

Kaum sind sie angekommen, gehen die Eltern mit Lisa zu einem kleinen Teich, Tümpel sagen sie dazu. Vater hat einen großen Rucksack dabei, aus dem zieht er einen Kescher und ein Lupenglas.

Lisa beginnt zu keschern und in kürzester Zeit hat sie verschiedene kleine Tierchen gefangen. Vorsichtig legt sie die Tiere in das Lupenglas und zum Glück hat ihr Vater in seinem Rucksack ein Buch, in dem sie nachschauen kann, wie die Tiere so alle heißen. Und was es da so alles gibt: Posthornschnecken, Schwimmwanzen, Schlammschnecken, Wasserspinnen oder Plattbauchlarven.

Der Nachmittag vergeht wie im Flug. An der frischen Luft sind alle richtig hungrig geworden. Im Gasthof gibt es frisch gebackenes Brot mit Butter und Käse. Nach dem Abendessen wartet schon eine neue Überraschung. Lisa besucht mit ihren Eltern einen alten Mann, der auf seiner Terrasse ein riesiges Fernrohr stehen hat. Als es ganz dunkel ist, dürfen Lisa und ihre Eltern durch das Fernrohr schauen und am Sternenhimmel auf Entdeckungsreise gehen. Der alte Mann erklärt ihnen alles: Da sind der Polarstern, Löwe, Wagen, Bär und die Milchstraße, die gar nicht aus Milch gemacht ist.

An diesem Abend kommt Lisa erst spät ins Bett. Doch bevor sie einschläft, denkt sie: »Natur genießen ist eigentlich überhaupt nicht langweilig. Danke, lieber Gott, dass du alles so toll gemacht hast.«

Kreative Ideen

Transparentbild

Während der Reihe kann als Gemeinschaftsaktion ein großes Transparentbild entstehen. Aus Tonpapier wird ein dreiteiliger Rahmen in Form eines Kirchenfensters ausgeschnitten.

Der Rahmen wird auf ein weißes Papier gelegt und auf die drei weißen Flächen werden für jeden Sonntag Mo-

Zeichnung: Janine Lobenhofer

tive gemalt. Am ersten Sonntag lächelnde Gesichter, am zweiten Sonntag eine vergrabene Schatzkiste und am dritten Sonntag Sterne, Pflanzen oder Tiere.
Den Rahmen klebt man auf eine durchsichtige Klebefolie und legt ihn auf die Motive. Dann werden entsprechend der Vorlage farblich passende, klein gerissene Stücke aus Transparentpapier auf die Transparentfolie aufgeklebt, der Hintergrund wird in passenden Farben gestaltet.

14. Sonntag nach Trinitatis

Gesprächsimpuls
Nach der Geschichte kann man zu folgenden Fragen miteinander ins Gespräch kommen: Muss man teilen? Warum ist teilen wichtig? Teile ich gerne?
Als Anregung können zu der Frage »Gibt es Dinge, die ich nicht gerne mit anderen teile?« verschiedene Gegenstände gezeigt werden, z.B. Stift, Papier, Spielzeug, Schokolade usw.

15. Sonntag nach Trinitatis

Gesprächsimpulse
Nach der Geschichte kann miteinander überlegt werden:
Bin ich immer ehrlich? Wie gehe ich mit Lügen von anderen um?

Erntedank

Miteinander – aneinander
Die Kinder schauen sich Bilder von verschiedenen Lebewesen im Teich an.
Danach setzen sich zwei Kinder nebeneinander, wobei ein Kind dem anderen seinen Rücken zudreht. Das dahinter sitzende Kind lässt nun nach Anleitung die verschiedenen Tiere mit den Händen über den Rücken des Partners krabbeln oder kriechen. Das Gleiche kann man auch mit Sternbildern oder Pflanzen machen. Und natürlich müssen danach die Rollen getauscht werden, damit jeder in den Genuss einer Rückenmassage kommt.

Bilder aus Naturmaterialien
Aus Blättern, Blüten, Beeren, Gewürzen, Erde oder Kaffee lassen sich Naturfarben herstellen. Dazu braucht man ein Gemisch aus einem Ei, Öl und bei Bedarf etwas Wasser. Dies wird mit den zerkleinerten Farbpigmenten aus den gesammelten Naturmaterialien vermischt.

Naturspaziergangs-Buch
Zwei DIN-A4-Blätter aus etwas stärkerem Papier werden aufeinandergelegt und in der Mitte gefaltet, so dass ein kleines Buch entsteht. Auf die Seiten

Zeichnung: Janine Lobenhofer

können die Kinder verschiedene Naturbilder malen. Dazu wird eine kleine Figur ausgeschnitten, der auf die Rückseite ein kleines Stück Klettband geklebt wird. Auf jede Seite des Buches kommt ebenfalls ein kleines Stück Klettband. So kann die Figur durch die verschiedenen Naturlandschaften wandern.

Stichwörter:
Betrug, Dank, Erntedank, Geiz, Lob, Lügen, Neid, Schöpfung, Stern, Teilen

Janine Lobenhofer

»Von der Freiheit eines Christenmenschen« Martin Luther

08.10.2017
(17. Sonntag nach Trinitatis)
Frei für Gottes Wort

15.10.2017
(18. Sonntag nach Trinitatis)
Frei im Vertrauen

22.10.2017
(19. Sonntag nach Trinitatis)
Frei und mutig

29.10.2017
(20. Sonntag nach Trinitatis)
Frei durch Gottes Liebe

31.10./05.11.2017
(Reformationstag/21. Sonntag nach Trinitatis)
Frei für neue Gemeinschaft

Freiheit ist ein Geschenk Gottes. Wer vertraut, dass auch in Jesus Christus der barmherzige Gott Israels befreiend gewirkt hat, erhält Anteil an dieser christlichen Freiheit. Allein aus Gnade (sola gratia Christi). Und wer zu Christus gehört, sorgt wie er für andere Menschen.
Martin Luther schrieb dies – in Aufnahme von Galater 5,1 und Philipper 2,5-11 – in seiner berühmten Freiheitsschrift von 1520 so:
Ein Christenmensch ist ein freier Herr über alle Dinge und niemand untertan.
Ein Christenmensch ist ein dienstbarer Knecht aller Dinge und jedermann untertan.
Er wurde Mönch, um sein Leben ganz frei zu machen für Gott. Beim Studium der Bibel entdeckte er überraschend: Es ist umgekehrt: Gott schenkt Freiheit von und in allen menschlichen Bindungen und Zwängen.
Martin Luther litt unter den in der Kirche behaupteten Gerechtigkeitsansprüchen Gottes. Mit großer Freude entdeckte er: Es ist ganz anders: Gottes Gerechtigkeit zeigt sich in der Bibel (sola scriptura) in seiner bedingungslosen Barmherzigkeit. Ihr allein gilt es zu vertrauen (sola fides).
Mit diesem Glauben konnte er mutig Widerstand leisten gegenüber Menschen, die seine biblischen Entdeckungen und ihn selbst ablehnten.
Die geschenkte Freiheit hat Konsequenzen: Wer innerlich frei ist, schrieb er, kann seinem Nächsten aus freier Liebe dienen.
Gerade in der Taufe von Kindern wird erfahrbar: Freiheit und Glauben sind von Gott geschenkt. Wie die christliche Gemeinschaft der Befreiten.
Jeder Abendmahlsgottesdienst ist für Martin Luther darum ein fröhliches und inklusives Fest der Freiheit. (Galater 3,28; EG 341,1).

In den fünf Gottesdiensten im Jubiläumsjahr 2017 »500 Jahre Reformation« können Kinder und Mitarbeitende am Beispiel Martin Luthers die befreiende Kraft des Evangeliums entdecken und erleben.

Zusammenkommen – sich Gott zuwenden

Freiheitspsalm (Psalm 124,7b): Das Netz ist zerrissen und wir sind frei

Call and Response: Die einzelnen Zeilen werden jeweils laut in entsprechender Körperhaltung gelesen und von allen gemeinsam wiederholt.

(Alle = Hände fest zu Fäusten ballen und beide Arme auf der Brust kreuzen)

Manchmal wird es eng um mich.
Ich kann nur schwer atmen.
Mein Herz fühlt sich gefangen.
Gefangen – wie in einem Netz.

Manchmal wird es eng um mich.
Ich kann nur schwer atmen.
Meine Seele fühlt sich gefangen.
Gefangen – wie im Netz eines Vogelfängers.

Manchmal fehlt mir alle Kraft.
Die anderen scheinen viel mächtiger.
Ich stecke hilflos fest.
Gefangen.

Befreie mich!
Befreie mich, mein Gott!

Stille

Das Netz ist zerrissen und ich bin frei!
(Dabei Hände öffnen und Arme freudig nach oben werfen)

Das Netz ist zerrissen und wir sind frei!
(Mit erhobenen Armen einen Freudensprung machen)

Halleluja!

Liturg: Wir singen *(schön flott!)* Martin Luthers Lied der Befreiten:

Lied: Nun freut euch, lieben Christen g'mein (EG 341,1)

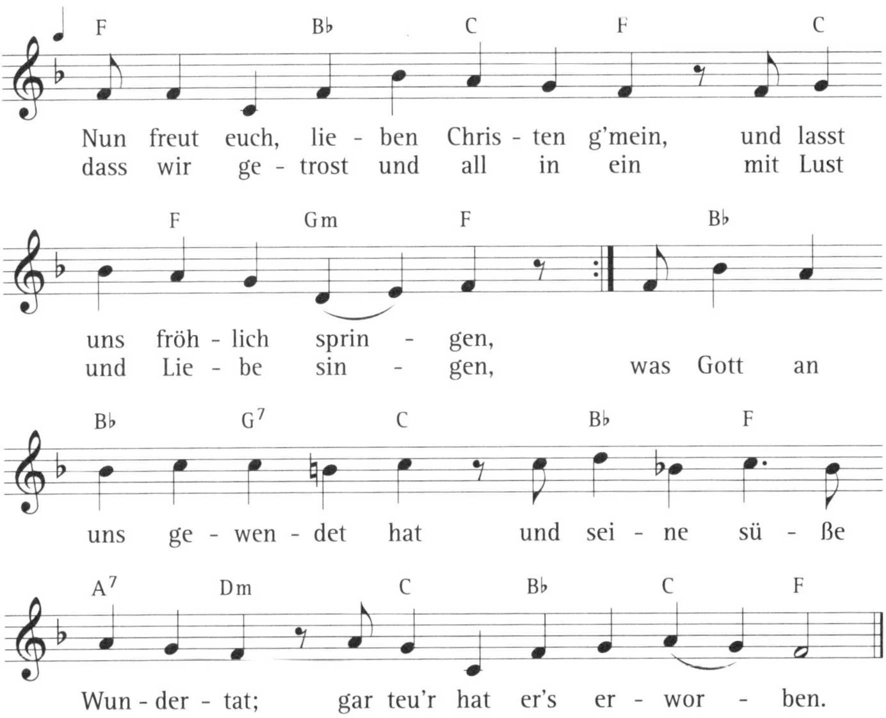

Text und Musik: Martin Luther 1523

Sendung – Segen

Martin Luthers Morgenbitte in Leichter Sprache

Call and Response: Die einzelnen Zeilen werden jeweils laut gelesen und von allen gemeinsam wiederholt.

Ich danke dir, mein Vater im Himmel.
Durch Jesus Christus.
Er ist ja dein lieber Sohn.

Du hast mich behütet
als es ganz dunkel war.
Aber nichts konnte mir wehtun.

Ich bitte dich:
Behüte mich auch am Tag.
Behüte mich vor allem, was mir nicht guttut.

Wie ich lebe und was ich mache soll dir gefallen.
Halte mich, meinen Leib und meine Seele
und alles in deinen Händen.

Dein heiliger Engel sei mit mir.
Damit der böse Feind mich nicht überwältigen kann.

Vater unser …

Aaronitischer Segen

Kurzgeschichte

Die Erzählung kann in ein Gespräch führen, ob und wie Martin Luthers Freiheitsentdeckung heute noch Menschen bewegen kann.

Man sah ihn nicht oft. Und doch hatten alle mächtig Angst vor ihm. Dem alten Schimmel-Böker. So wurde er im Dorf genannt. Denn früher, als der Hof noch nicht so runtergekommen war, lebte ein weißer Schimmel dort.
Jeden Morgen und jeden Nachmittag mussten die Schulkinder an diesem Hof vorbei. Einen anderen Weg gab es nicht zur Bushaltestelle an der Bundesstraße.
Meistens schlichen sie an der langen Backsteinmauer entlang und rannten dann am schiefen und rostigen Hoftor einfach vorbei, so schnell sie konnten. Manchmal warfen sie auch Steine über die Mauer oder nicht aufgegessene Schulbrote. Dann hörte man den alten Schimmel-Böker laut schimpfen: »Habt ihr gar nichts begriffen, ihr frechen Lümmel!?« Schreiend liefen alle weg. Erwischt hatte er noch keinen.
Und nun hatten sich die Großen etwas richtig Böses ausgedacht. Sie wollten das große Hoftor mit einer schweren Metallkette und vielen Vorhängeschlössern für immer verschließen. »Dann sind wir vor dem bösen Mann sicher!«
Ole hatte aus der Werkstatt seines Vaters eine riesige Stahlkette organisiert, die anderen Schlösser mit Schlüssel. »Bald haben wir genug!« Nur Paul hatte nichts. »Ich mach da nicht mit«, sagte er. »Das ist gemein, den Schimmel-Böker einzusperren!« Aber die anderen schubsten ihn zur Seite. »Du bist ein Feigling!«
Doch die Sache ließ ihm keine Ruhe. Am nächsten Tag öffnete er das alte Hoftor, ging

durch das hohe Gras mit den vielen Kastanien und klopfte an die verwitterte Haustür. »Komm rein, mein Junge. Die Tür ist offen.« Es duftete nach starkem Kaffee und warmen Butterkuchen. »Hier in der Küche bin ich. Kommst gerade richtig zur Kaffeezeit.«
Und dann saß Paul auf einem alten Sofa am Tisch mit einer klebrigen Wachsdecke und stopfte den warmen Kuchen in sich rein. »Mm, lecker!« Später holte Schimmel-Böker ein altes Fotoalbum aus der Stube. »Guck, das war mein Schimmel. Und hier: Da bin ich mit meinem Schimmel zum Gottesdienst geritten. Jeden Sonntagnachmittag zur Kinderstunde.
Unser Pastor erklärte uns mit dem Katechismus von Martin Luther alle wichtigen Glaubensdinge und erzählte von Martin Luthers Leben. Zwei Sätze habe ich mir zu Herzen genommen. Vielen im Dorf gefiel das nicht: Ein Christenmensch ist ein freier Herr über alle Dinge und niemand untertan. Ein Christenmensch ist ein dienstbarer Knecht aller Dinge und jedermann untertan.«
Paul war noch viele Nachmittage da. Und als dann die Großen mit der Kette vor dem Tor standen, stieß er das Tor auf und stellte sich vor sie. »Ihr habt die Wahl: Entweder sperrt ihr mich auch mit ein – dann rufe ich mit meinem Handy die Polizei. Oder ihr kommt rein. Der Tisch ist schon gedeckt für euch.«

Dirk Schliephake

Kreative Ideen

17. Sonntag nach Trinitatis – Frei für Gottes Wort

Singenden Bibelprozession

Am 31. Oktober 2016 wurde die neu revidierte Lutherbibel eingeführt. Sie orientiert sich an der Übersetzung der Bibel durch Martin Luther und seinem Team aus dem Hebräischen (AT) und Griechischen (NT). Ihnen war der berührende Klang der Worte in der deutschen Muttersprache beim lauten Lesen im Gottesdienst oder in der Familie besonders wichtig.
Sie waren sich sicher: Im Hören der Worte der Bibel begegnen einem der lebendige Gott und Jesus Christus mit dem Evangelium (viva vox evangelii). Im Hören werden die Texte zu Gottes Wort, das den Glauben stärkt. Und so ist die Lutherbibel bis heute eine wirkmächtige »Hörbibel«.
Auch die vielfältigen Erzählungen im Kindergottesdienst entstammen der Bibel. Damit dieser Zusammenhang »offensichtlich« wird, kann die Lutherbibel (oder eine andere Übersetzung) vor dem Beginn der Erzählung in einer singenden Bibelprozession in die Mitte geholt werden: Ein Kind trägt die Bibel ein Stück und singt dabei das Lied »Dein Wort ist meines Fußes Leuchte«. Darauf antworten alle singend: »Dein Wort ist unseres Fußes Leuchte.«

Dann trägt ein anderes Kind oder eine Mitarbeiterin die Bibel singend weiter. Schließlich wird die Bibel z.B. auf ein goldenes Tuch gelegt und geöffnet.
Nach dem Segen wird die Bibel geschlossen und an ihren Platz (Altar, Lesepult) zurückgebracht.

Lied: Dein Wort ist meines Fuße Leuchte

Text: Psalm 119,105, Musik: nach EG 501 »Wie lieblich ist der Maien«, LH 217

18. Sonntag nach Trinitatis – Frei im Vertrauen

Erinnerungsbänder
Zur biblischen Gebetskleidung gehören angenähte violette Schnüre (zizijot). Sie sollen daran erinnern: Gott ist ein Gott, der sein Volk Israel befreit hat aus der Sklaverei in Ägypten. Seine Gebote und Weisungen (Tora) sind lebenswichtige Worte für Befreite, um diese Freiheit zu bewahren (4 Mose 15,37-41).
Wir nehmen diese biblische Erinnerungspraxis an die von Gott geschenkte Freiheit auf und gestalten jeweils drei Erinnerungsbänder, die unser Vertrauen auf den befreienden Gott stärken, mit Worten aus Psalm 124,7b und Martin Luthers Reformations-Hit: Ein feste Burg ist unser Gott (EG 362):
Gott hilft uns frei aus aller Not./So fürchten wir uns nicht so sehr./Das Netz ist zerrissen und wir sind frei (Psalm 124,7).

Material und Anleitung: Weißer Seidenstoff wird in Streifen (30 x 3 cm) geschnitten oder von einer Rolle (Blumenhandel) und mit einem violetten Seidenmalstift beschriftet. Die Bänder werden miteinander am oberen Ende verknotet und entweder am Hosengürtel oder mit einer großen Sicherheitsnadel an der Kleidung befestigt.
Sie können zu den Kindergottesdiensten, aber auch in der Schule getragen werden.

19. Sonntag nach Trinitatis – Frei und mutig

Mit Engel-Segen gegen das Böse widerstehen
Kinder kennen Situationen, in denen die Macht des Bösen zerstörend spürbar wird. Sie erleben das Böse als das Schreckliche, Ängstigende und Gewalttätige.
Den Umgang mit dem Bösen zu lernen zählt zu den wichtigsten Aufgaben der Kindheit und hat immer auch eine religiöse Dimension.
Glaube kann stark und widerstandsfähig (resilient) machen, dem Bösen zu widerstehen. Diese Erfahrung machte Martin Luther. Jeden Morgen und Abend bat er Gott im Gebet: Dein heiliger Engel sei mit mir, dass der böse Feind keine Macht an mir finde.

Für ihn war der Schwert tragende Erzengel Michael (»Gottes Schlagdrein«; Offenbarung 12,7-10) ein wichtiger Begleiter an der Seite, der für ihn streiten, ihn schützen, bewahren und beistehen konnte in der Auseinandersetzung mit dem Bösen.

Gott segne dich	*Hände auf den Kopf legen*
und stärke dich,	*Hände auf die Schultern legen*
sein heiliger Engel sei mit dir.	
Amen.	*Kreuzzeichen*

Tipp: »Gottes Engel weichen nie – mit Michael dem Bösen widerstehen«. Ein starker Kinderkirchentag (www.michaeliskloster.de).

Armenopferkasten von 1544, Ev.-luth. St. Johannes Kapellengemeinde Stedum, Foto: Dirk Schliephake

20. Sonntag nach Trinitatis – Frei durch Gottes Liebe

Die Reformation war nicht nur eine Glaubensbefreiung für einzelne Menschen. Sie veränderte die ganze christliche Gemeinde. Die geschenkte Freiheit zeigte sich in der Verantwortung aller Gemeindeglieder für Kinder, Alleinerziehende, Menschen mit Behinderung und in finanziellen Schwierigkeiten. Überall wurden Armenopferkästen installiert. Mit den Gaben aller wurden diakonische Dienste möglich, wie Tafelspeisungen, Witwenversorgung, Schulgeld und Arbeitslosenunterstützung.
In vielen Gemeinden gibt es noch diese Diakoniekästen. Eine reformatorische Spurensuche kann im Kindergottesdienst beginnen.
Welches diakonische Projekt unterstützen wir heute?

Reformationstag/21. Sonntag nach Trinitatis – Frei für neue Gemeinschaft

Mit der Taufe ist für Luther das Recht auf Teilnahme am Abendmahl in beiderlei Gestalt verbunden. Die Taufe öffnet eine inklusive Abendmahlspraxis, die uns staunen lässt. So schreibt er: »Und wir, sonderlich so das Sakrament nehmen wollen … Mann, Weib, jung, alt, Herr, Knecht, Frau, Magd, Eltern, Kinder, wie uns Gott allda zusammenbringet … durch den Heiligen Geist gesalbet und geweihet in der Taufe« (Aus: Von der Winkelmesse und Pfaffenweihe, 1533)

Was gibt es Schöneres, als gemeinsam mit den Kindergottesdienstkindern in der Mitte der Gemeinde am Reformationstag Abendmahl zu feiern als inklusives Fest der Freiheit.

Stichworte:
Abendmahl, Bibel, Diakonie, Engel, Freiheit, Martin Luther, Reformation

Dirk Schliephake

Hiob
Die große Frage

12.11.2017
(Drittletzter Sonntag des Kirchenjahres)
Das große Unglück und Hiobs Glaube
(Hiob 1,1-5.13-22)

19.11.2017
(Vorletzter Sonntag des Kirchenjahres)
Noch ein Unglück und Hiobs Klage
(Hiob 2,7-13; 3 i.A.)

26.11.2017
(Ewigkeitssonntag)
Gottes Antwort und Hiobs Glück
(Hiob 38-42 i.A.)

Unglück, Krankheit und Tod dürfen im Kindergottesdienst kein Tabuthema sein. Es ist im Gegenteil eine Stärke des Kindergottesdienstes, dass hier auch die dunklen Seiten des Lebens zu Wort kommen dürfen.
Die Geschichte von Hiob ist eine große Geschichte der Weltliteratur zu den dunklen Seiten des Lebens und zu der Frage: Warum lässt Gott das zu? Sie wird in drei Themen gegliedert:

1. Was uns gegeben ist und genommen werden kann.
2. Krankheit und unerträgliches Leid – Gibt es darin einen Trost und Sinn?
3. Gottes übermenschliche Größe – größer als alles Leid der Welt.
4. Für die Älteren soll die Hiobsgeschichte hauptsächlich aus sich selbst wirken. Wo Gesprächsbedarf aufkommt, muss ihm Zeit eingeräumt werden.

Bei den Jüngeren würde ich auf die Erzählung der Hiobgeschichte ganz verzichten. Stattdessen schlage ich vor, die hier vorgestellte Geschichte von Anna vorzulesen oder zu erzählen. Die Geschichte versucht, die Unglückserfahrungen in die Erfahrungswelt des Kinderlebens herunterzubrechen.

Zusammenkommen – sich Gott zuwenden

Eingangsgebete

Drittletzter Sonntag des Kirchenjahres
Wir sind reich beschenkt, lieber Gott.
Wir haben genug zu essen.
Wir haben eine Wohnung, in der es warm ist.
Wir haben Spielsachen und Schulsachen.
Wir haben Eltern, Freundinnen und Freunde.
So viel ist uns gegeben.
Wir denken an Menschen, denen etwas fehlt.
Wir denken an sie in der Stille:

Du bist ein Gott, der hilft, und du gibst uns Kraft,
Helferinnen und Helfer zu sein.
Amen.

Vorletzter Sonntag des Kirchenjahres
Wir sind froh, wenn wir gesund sind, lieber Gott.
Wir haben gesunde Glieder.
Uns tut nichts weh.
Wir hören, sehen und riechen.
Unsere Gesundheit, dein Geschenk.
Wir denken an Menschen, denen etwas fehlt.
Wir denken an sie in der Stille:

Du bist ein Gott, der heilt.
Du trägst Menschen in Krankheit und Leid.
Amen.

Ewigkeitssonntag
Du schenkst das Leben.
Du setzt dem Leben aber auch ein Ende.
Menschen aus unserer Mitte sind gestorben.
Manche haben wir gekannt.
Manche vermissen wir.

Manche fehlen uns.
Wir denken an sie in der Stille:

Du nimmst das Leben und nimmst es am Ende zu dir.
Halte alle Menschen fest in deiner Hand:
die Lebenden und die Verstorbenen,
die Trauernden und die Fröhlichen,
die Jungen und die Alten.
Amen.

Kurzgeschichte

Die drei Geschichten sind für die Kleinen im Kindergottesdienst gedacht und werden an Stelle der Hiobgeschichte erzählt oder vorgelesen. Sie können auch der Text für ein Bilderbuch sein, das die Älteren für die Jüngeren gestalten (siehe S. 98f.). Bilderbücher und ihre Geschichten sind ja nicht auf Einmaligkeit angelegt. Sie wollen immer wieder angeschaut und vorgelesen werden.

Annas Freuden- und Trauertage

Alles geht verloren

(1)
Wenn Oma und Opa kommen, sind das Freudentage für Anna.
Sie können nicht oft kommen, denn sie wohnen weit weg. Die Zugfahrt dauert einen ganzen Tag. Anna und ihre Eltern holen sie am Bahnhof ab. Zuhause angekommen, hat Anna viel zu erzählen. Sie ist im Sommer in die Schule gekommen. Oma und Opa hören gerne zu. Sie haben viel Zeit für ihr Enkelkind mitgebracht. Anna ist glücklich. Aber die Zeit vergeht schnell.

(2)
Schon steht das Abendessen auf dem Tisch. Danach muss Anna ins Bett.
»Ich bin gar nicht müde«, zetert sie. Aber Vater lässt sich nicht herumkriegen.
»Morgen willst du mit Oma und Opa in die Stadt. Da musst du ausgeschlafen sein!«
Anna trottet schmollend in ihr Zimmer.
»Immer, wenn es ganz schön ist, ist es vorbei. Und dann ist es ganz blöd«, denkt sie.

(3)
Am nächsten Tag gehen Oma und Opa mit Anna in die Stadt. Wie versprochen, bekommt Anna einen Ring. Sie sucht sich den Ring mit dem roten Stein aus.

Stolz zeigt Anna den neuen Ring ihrer Freundin Beatrice. Beatrice sagt: »Mein Ring ist schöner. Ein silbernes Herz ist schöner als der dumme rote Stein.« Anna ist beleidigt. »Die blöde Kuh hat mir die ganze Freude verdorben!«

(4)
Am nächsten Tag gehen Oma und Opa mit Anna in den Zoo. Kaum sind sie im Zoo angekommen, fängt es an zu regnen.
»Mir ist kalt«, jammert Anna.
»Dann gehen wir ins Löwenhaus«, sagt Oma, »da ist es warm.«
»Mir ist heiß«, jammert Anna im Löwenhaus.
»Dann zieh den Schal und die Handschuhe aus!«, sagt Oma.
Wie sie das Löwenhaus verlassen, regnet es noch mehr, Schneeflocken sind dabei.
»Zieh Schal und Handschuhe an!«, sagt Opa.
Im Palmenhaus ist es wieder warm. Schnell zieht Anna Schal und Handschuhe aus, und als sie wieder draußen sind, schnell wieder an.
Noch einmal geht es so, als sie ins Haus mit den Krokodilen kommen, Handschuhe aus und Handschuhe an.
»Sauwetter!«, schimpft Anna. »Das ist gemein. Ich hatte doch Sonnenschein bestellt.«
Zuhause angekommen, zieht Anna ein letztes Mal ihre Handschuhe aus. Da merkt sie, ihr Ring ist weg.

(5)
Am nächsten Tag wacht Anna ganz früh von einem Geräusch auf. Sie hört, wie die Haustüre zugezogen wird. Sie weiß sofort: Vater bringt Oma und Opa zum Bahnhof. Jetzt sind die Freudentage vorbei. Sie dreht sich im Bett um. Ihr Stoffhase schaut sie mit großen Augen an.
»Hör mir mal gut zu, Hasi«, sagt sie. »Es ist richtig blöd. Alles geht verloren. Der Ring ist verloren. Der Tag im Zoo ist verregnet. Oma und Opa sind weg. Die Tüte Gummibären, die sie mitgebracht haben, ist leer. Alles ist weg.«
Sie zieht sich die Decke über den Kopf und will nie wieder aufstehen.

(6)
Später krabbelt sie dann doch aus dem Bett. Der Frühstückstisch ist gedeckt. Neben ihrem Teller liegt ein Zettel: »Tschüss, Anna! Es war sehr schön mit dir. Weihnachten kommt ihr alle zu uns. Wir freuen uns! Oma und Opa.« Opa hat einen Tannenbaum danebengekritzelt. »Den kann ich besser malen«, denkt Anna.

Alles ist gemein
(7)
Am letzten Schultag vor Weihnachten hat es geschneit. Mutter bringt Anna zur Schule. Da passiert der Unfall. Ein Auto rutscht auf den Gehweg. Anna wird angefahren und kommt schwer verletzt ins Krankenhaus. Ihr Bein ist mehrmals gebrochen. Sie wird operiert und muss über Weihnachten im Krankenhaus bleiben. Der Besuch bei Oma und Opa wird abgesagt.

Wenn ihre Eltern im Krankenhaus sind, machen sie traurige Gesichter.
»Werde ich wieder laufen können wie früher?«, fragt Anna.
Vater sagt: »Der Arzt kann es nicht versprechen.«

(8)
Zwei Tage nach Weihnachten klopft es im Krankenhaus an Annas Zimmertür.
Oma und Opa sind da. »Komm zur Bescherung«, sagt Oma.

(9)
Die Großeltern schieben ihr Enkelkind im Rollstuhl ins Besucherzimmer. Dort leuchtet ein Weihnachtsbaum und zwei kleine Päckchen liegen darunter. Anna packt das kleinere Päckchen aus. Ein Ring ist drin, derselbe Ring, den sie verloren hat. Sie steckt den Ring an den Finger und schaut eine Weile still auf ihre Hand.

(10)
Dann sagt sie: »Vielleicht kann ich nie wieder laufen. Das ist so gemein. Warum hat das Auto ausgerechnet mich erwischt? Vor uns war niemand auf dem Gehweg, hinter uns niemand. Das ist so gemein. Und die Frau, die das Auto gefahren hat, kann auch nichts dafür. Es war spiegelglatt. Sie ist unglücklich. Das ist auch gemein. Und Weihnachten ist einfach ausgefallen. Alles gemein!« Und dann weint Anna und Oma nimmt sie in den Arm und Opa steht daneben und sucht in seiner Hosentasche nach einem Taschentuch.
Nach einer Weile räuspert sich Opa.
»Jetzt nichts sagen«, sagt Anna leise, »nur dableiben.«

(11)
Und nach einer weiteren Weile spielen sie das Spiel, das im zweiten Päckchen war. Opa verliert immer, weil er nicht richtig aufpasst. Er macht so dumme Fehler, dass Anna lachen muss.

Die ganze Welt gehört mir
(12)
Im Januar wird Annas Bein ein zweites Mal operiert. Im Februar darf Anna nach Hause. Im März kommen Oma und Opa. Sie gehen mit Anna in den Zoo. Opa schiebt den Rollstuhl.

(13)
Der Himmel ist blau. Es ist der erste Frühlingtag. Anna zieht die Jacke aus. Die Sonne wärmt ihre Arme. Sie streckt die Arme in die Luft und sagt: »Die Sonne soll meine Haut ablecken, sie riecht noch nach Krankenhaus.«

(14)
Die Löwin liegt im Freigehege in der Sonne. Plötzlich reißt sie ihr Maul auf und brüllt. So begrüßt sie den Frühling. Die Affen sind verrückt geworden. Sie klettern, so hoch es geht, und bewerfen sich mit Bananenschalen. Anna lacht laut, weil ein Affe versucht, den anderen zu fangen, und ihn nie erwischt.

(15)
Auch Opa wird übermütig. »Wir machen ein Wettrennen bis zur Zuckerwattebude«, sagt er. Und dann braust er mit dem Rollstuhl los. Bei der Zuckerwattebude sagt er: »Du bist immer zuerst da. Die Gewinnerin bekommt Zuckerwatte.«

(16)
Es ist ein richtiger Freudentag. Am Abend bringen Oma und Opa Anna ins Bett.
Anna sagt: »Vielleicht kann ich wieder laufen lernen, hat der Arzt gesagt. Aber ich muss viel üben und versprechen kann er es nicht.«
»Und dann verkaufen wir deinen Rollstuhl«, sagt Oma, »und von dem Geld kaufen wir dir ... ich weiß nicht, was.«
»Das Größte, was es gibt, natürlich«, sagt Opa, »die ganze Welt!«
»Wenn dazu das Geld reicht«, sagt Oma.
»Mach dir keine Sorgen«, lacht Anna, »die ganze Welt gehört mir schon. Sie ist so schön.« Und dann sagt sie ganz leise, als sollte nur sie selbst es hören: »... auch wenn wir den Rollstuhl nicht verkaufen können.«

Gottfried Mohr

Kreative Ideen

Annas Freuden- und Trauertage – Ein Bilderbuch entsteht in Gemeinschaftsarbeit
Dieser Vorschlag ist für die Älteren im Kindergottesdienst gedacht. Ihnen wird an den drei Sonntagen die Geschichte von Hiob erzählt. Die Geschichte ist so eindrucksvoll, dass es möglicherweise nicht angemessen ist, gleich im Anschluss über die Geschichte zu reden. Stattdessen gestalten sie für die Kleinen ein Bilderbuch zu der Geschichte von Anna, die ihnen erzählt wurde. Indem sie zunächst Annas Geschichte hören (jeden Sonntag einen Teil), beschäftigen sie sich noch einmal indirekt mit der Hiobgeschichte. Beim kreativen Gestalten kann es sein, dass Gespräche entstehen. Sie sollen nicht herbeigezwungen, aber auch auf keinen Fall unterdrückt werden.

Material und kreative Umsetzung für das Bilderbuch: Der Text der Geschichte wird entsprechend der 16 Abschnitte je auf eine Seite vergößert kopiert und auf 16 Plakate (DIN A3 oder größer) geklebt. Nun gestalten die Kinder die dazugehörigen Bildseiten. Vorgegeben sind die Plakate (farbiger Plakatkarton). Die Figuren und Gestaltungselemente werden aus verschiedenfarbigem Papier ausgerissen. Knickt man die Blätter in der Mitte und reißt nur eine halbe Figur aus, entsteht spiegelbildlich die ganze Figur. Durch diese Technik können viele Kinder beteiligt werden. Figuren und Requisiten werden auf die Plakate geklebt. Für jede Seite wird mit den Kindern überlegt, mit welchen Elementen die Seite gestaltet werden soll. Große symbolkräftige Gestaltungselemente sind interessanter als viele Einzeheiten. Durch das Ausreißen entstehen unregelmäßige Ränder, die eine besondere Wirkung haben.

Für den Anfang der Geschichte habe ich diese Idee ausprobiert und abfotografiert:

Wenn Oma und Opa kommen, sind das Freudentage für Anna.
Sie können nicht oft kommen, denn sie wohnen weit weg. Die Zugfahrt dauert einen ganzen Tag.
Anna und ihre Eltern holen sie am am Bahnhof ab. Zuhause angekommen, hat Anna viel zu erzählen. Sie ist im Sommer in die Schule gekommen. Oma und Opa hören gerne zu. Sie haben viel Zeit für ihr Enkelkind mitgebracht. Anna ist glücklich. Aber die Zeit vergeht schnell.

Schon steht das Abendessen auf dem Tisch. Danach muss Anna ins Bett.
»Ich bin gar nicht müde«, zetert sie. Aber Vater lässt sich nicht herumkriegen.
»Morgen willst du mit Oma und Opa in die Stadt. Da musst du ausgeschlafen sein!«
Anna trottet schmollend in ihr Zimmer.
»Immer, wenn es ganz schön ist, ist es vorbei. Und dann ist es ganz blöd«, denkt sie.

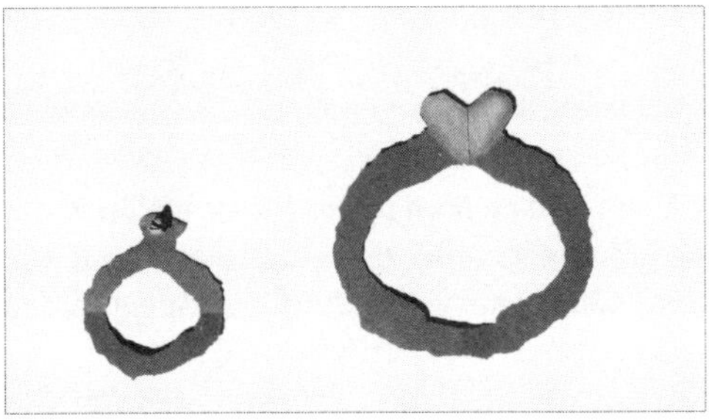

Am nächsten Tag gehen Oma und Opa mit Anna in die Stadt. Wie versprochen, bekommt Anna einen Ring. Sie sucht sich den Ring mit dem roten Stein aus.
Stolz zeigt Anna den neuen Ring ihrer Freundin Beatrice. Beatrice sagt: »Mein Ring ist schöner. Ein silbernes Herz ist schöner als der dumme rote

Stein.« Anna ist beleidigt.
»Die blöde Kuh hat mir die ganze Freude verdorben!«

Am nächsten Tag gehen Oma und Opa mit Anna in den Zoo. Kaum sind sie im Zoo angekommen, fängt es an zu regnen.
»Mir ist kalt«, jammert Anna.
»Dann gehen wir ins Löwenhaus«, sagt Oma, »da ist es warm.«
»Mir ist heiß«, jammert Anna im Löwenhaus.
»Dann zieh den Schal und die Handschuhe aus!«, sagt Oma.
Als sie das Löwenhaus verlassen, regnet es noch mehr, Schneeflocken sind dabei (usw.)

Eine Alternative ist es, die einzelnen Bilder nur zu legen und dann abzufortografieren. Dann könnnen die ausgerissenen Figuren für mehrere Bilder verwendet werden, wie hier gezeigt:

Später krabbelt sie dann doch aus dem Bett. Der Frühstückstisch ist gedeckt. Neben ihrem Teller liegt ein Zettel: »Tschüss, Anna! Es war sehr schön mit dir. Weihnachten kommst ihr alle zu uns. Wir freuen uns! Oma und Opa.« Opa hat einen Tannenbaum danebengekritzelt.
»Den kann ich besser malen«, denkt Anna.

Fotos: Gottfried Mohr

Die entstandenen Fotos können dann mit einem Beamer den Kindern gezeigt werden. Man könnte so auch ein Bilderbuch wirklich für die Kleinen (vielleicht als Weihnachtsgeschenk) ausdrucken. Das setzt aber eine größere technische Ausstattung voraus. Für technisch begeisterte Mitarbeiterinnen und Mitarbeiter im Kindergottesdienst ist das kein Problem.

Vorstellen des Bilderbuches
Am nächsten Sonntag wird der neu entstandene Teil des Bilderbuches in der ganzen Gruppe zu Beginn vorgestellt und vorgelesen. Das gilt auch für den dritten Teil, der in die Adventszeit hineinragt. Damit wird die vorhergehende Folge der Fortsetzungsgeschichte auch für die Kinder, die am vergangenen Sonntag nicht da waren, bekannt gemacht.

Weitere kreative Idee als Alternative zur Bilderbuchgestaltung

Drittletzter Sonntag des Kirchenjahres

Gegeben und genommen – eine Gesprächsrunde für die Älteren
In der Mitte stehen drei Schmuckkästen (Schachteln mit Geschenkpapier bezogen). Wir leiten das Gespräch ein mit der Überlegung: Was ist uns alles gegeben …

- … an Dingen?
- … an Menschen, die uns wichtig sind?
- … durch die Umgebung, die wir zum Leben haben?

Wir schreiben Stichworte mit den Äußerungen der Kinder auf Kärtchen und legen sie in die drei Schachteln.
Nun greifen wir in die Schachteln und nehmen die Karten einzeln heraus unter der Fragestellung: Wenn uns das genommen wird?
Wir denken an Menschen, denen das genommen wurde.

Vorletzter Sonntag des Kirchenjahres

»Hauptsache gesund« – eine Gesprächsrunde mit den Älteren
Wie oft sagen Menschen: »Hauptsache gesund!«. Es stimmt, dass Gesundheit etwas ganz Wichtiges ist. Es stimmt aber auch, dass es viele Menschen gibt, die mit Krankheiten leben müssen. Wir stellen uns im Gespräch die Menschen vor, denen es so geht und die wir kennen.

Ewigkeitssonntag

Erinnerung an die Verstorbenen
Für jeden Verstorbenen aus der Gemeinde brennt eine Kerze (die Namen der Verstorbenen werden vermutlich auch im Gottesdienst der Erwachsenen vorgelesen). Wir lesen ihre Namen vor. Dann geben wir Zeit, damit Kinder zu Wort kommen können, die einen der Verstorbenen gekannt haben. Vielleicht haben auch Kinder einen Todesfall in der Familie gehabt. Für sie wird dann auch eine Kerze angezündet. Dieses Gedenken beschließen wir mit dem Eingangsgebet (siehe oben).

Stichworte:
Anvertraute Gaben, Verluste, Krankheit, Gottes Größe, Gottes Rätselhaftigkeit

Gottfried Mohr

Wege im Advent

03.12.2017
(1. Advent)
Ein ungewöhnlicher Weg –
Gabriel und Maria
(Lukas 1,26-38)

10.12.2017
(2. Advent)
Ein erwartungsvoller Weg –
Maria und Elisabeth
(Lukas 1,39-45.56)

17.12.2017
(3. Advent)
Ein mühsamer Weg –
Maria und Josef
(Lukas 2,1-5)

24.12.2017
(Heiligabend)
Ein überraschender Weg –
Die Hirten
(Lukas 2,6-20)

25./26.12.2017
(Weihnachten)
Ein dankbarer Weg –
Simeon und Hanna
(Lukas 2,22-39)

Diese Einheit zeichnet die biblischen Geschichten im Advent nach. Vielen Kindern sind sie bekannt. Gott selbst macht sich auf den Weg zu uns Menschen – und wir machen uns mit den Kindern auf den Weg zu ihm hin. Leider sind die Adventstage oft mit Hektik und vielen Adventsfeiern ausgefüllt, das Eigentliche dieser Zeit geht dabei oft verloren. Der Kommerz steht überall im Vordergrund. Da tut es gut, sich auf das Wesentliche zu besinnen und den Weg der Menschwerdung Gottes mit den Kindern zu gehen. Anhalten im Alltagstrubel, Innehalten und sich auf die biblischen Geschichten mit unterschiedlichen kreativen Ideen einlassen, das soll Ziel dieser Einheit sein. Denn schließlich ist das Weihnachtsfest das zentrale christliche Fest, das im Jahresablauf auch in den Familien gefeiert wird.
Und wir stärken im Kindergottesdienst die Kinder auf ihrem Lebensweg im Glauben.
Die vorgegebenen biblischen Geschichten werden hier als Weg gestaltet, der sowohl an einzelnen Sonntagen als auch an einem Vor- oder Nachmittag in der Adventszeit durchgeführt werden kann. Der Adventsweg mit Fenstern oder einzelnen Stationen kann im Gemeindehaus, im Dorf oder Stadtviertel erlebbar gemacht werden. Die einzelnen Geschichten lassen sich auch auf Tischen oder Fensterbänken im Gemeindehaus darstellen. Die Texte sollten stets beigelegt werden, so dass auch andere Gemeindegruppen den Weg mit den biblischen Geschichten erleben können. Der Kindergottesdienst oder die Kinderkirche wird dadurch auch in der Gemeinde wahrgenommen.
Liturgische Elemente, die sich vor oder auf dem Weg wiederholen, werden hier ausgeführt.
Die Kurzgeschichte ist eine Lichtgeschichte zum Weihnachtsfest.

Liturgische Gestaltung

Zusammenkommen – sich Gott zuwenden

Eingangsgebet (mit Kehrvers für alle Gottesdienste zu Beginn des Weges, der gesungen oder gesprochen werden kann)

Kehrvers: »Mache dich auf und werde licht.« (2 x) – EG 545

Gott, wir kommen heute hier zusammen, um miteinander Gottesdienst zu feiern. Wir freuen uns.
Wir wollen nachdenken darüber, wie du vor langer Zeit in unsere Welt kamst.
Auch heute kommst du zu uns und willst bei uns sein.
Du bist bei uns.
Das stärkt uns und gibt uns Mut.

Kehrvers: »Mache dich auf und werde licht.« (2 x) – EG 545

Amen

Sendung – Segen

Wir stehen im Kreis um eine brennende Kerze herum, halten uns an der Hand und singen nochmals den Kehrvers »Mache dich auf und werde licht.« (EG 545)
Dann sprechen wir den Segen einander zu (die einzelnen Sätze werden vorgesprochen und von allen wiederholt).

Segen:
Gottes Nähe stärke dich auf deinem Weg.
Gottes Liebe umgebe dich.
Geh´ deinen Weg mit Zuversicht und Freude. Amen

Kurzgeschichte

Diese kann als Abschluss an Weihnachten gelesen werden.

Die Geschichte vom Weihnachtslicht

Ein kleiner Hirtenjunge sucht ein Geschenk für das Jesuskind und entdeckt das Weihnachtslicht.

Als die Engel den Hirten verkündet hatten, dass im Stall von Bethlehem der König der Welt geboren worden war, da suchte jeder nach einem passenden Geschenk, das er dem Kind in der Krippe mitbringen wollte. »Ich bringe ein Schäfchen mit!«, meinte der eine. »Ich eine Kanne voll frischer Milch!«, sagte ein anderer. »Und ich eine warme Decke, damit das Kind nicht friert!«, rief ein Dritter.

Unter den Hirten war aber auch ein Hirtenknabe. Der war bettelarm und hatte nichts, was er dem Kind schenken konnte. Traurig lief er zum Schafstall und suchte in dem winzigen Eckchen, das ihm gehörte, nach etwas, was er vielleicht doch mitbringen konnte. Aber da war nichts, was auch nur den Anschein eines Geschenkes hatte. In seiner Not zündete der Hirtenknabe eine kleine Kerze an und suchte in jeder Ritze und in jeder Ecke. Doch alles Suchen war umsonst. Da setzte er sich mitten auf den Fußboden und war so traurig, dass ihm die Tränen an den Backen herunterliefen. So bemerkte er auch nicht, dass ein anderer Hirte in den Stall gekommen war und vor ihm stehen blieb. Er erschrak richtig, als ihn der Hirte ansprach: »Da bringen wir dem König der Welt alle möglichen Geschenke. Ich glaube aber, dass du das allerschönste Geschenk hast!« Erstaunt blickte ihn der Hirtenknabe mit verweinten Augen an. »Ich habe doch gar nichts!«, sagte er leise.

Da lachte der Hirte und meinte: »Schaut euch diesen Knirps an! Da hält er in seiner Hand eine leuchtende Kerze und meint, er habe gar nichts!«

»Soll ich dem Kind vielleicht die kleine Kerze schenken?«, fragte der Hirtenknabe aufgeregt.

»Es gibt nichts Schöneres!«, antwortete der Hirte leise.

Da stand der Hirtenknabe auf, legte seine Hand schützend vor die kleine Flamme und machte sich mit den Hirten auf den Weg. Als die Hirten mit ihren Geschenken den Stall erreichten, war es dort kalt und dunkel.

Als aber der Hirtenknabe mit seiner kleinen Kerze den Stall betrat, da breitete sich ein Leuchten und eine Wärme aus, und alle konnten Maria und Josef und das Kind in der Krippe sehen.

So knieten die Hirten vor der Krippe und beteten den Herrn der Welt, das kleine Kind mit Namen Jesus, an. Danach übergaben sie ihre Geschenke. Der Hirtenknabe aber stellte seine Kerze ganz nah an die Krippe, und er konnte deutlich das Leuchten in Marias und Josefs Augen sehn. »Das kleine Licht ist das allerschönste Geschenk!«, sagten die Hirten leise.

Und alle freuten sich an dem schönen Weihnachtslicht, das sogar den armseligen Stall warm und gemütlich machte.
Der Hirtenknabe aber spürte, wie in ihm selbst eine Wärme aufstieg, die ihn immer glücklicher machte. Und wieder musste er weinen. Jetzt weinte er aber, weil er sich so glücklich fühlte.
Bis zum heutigen Tag zünden die Menschen vor Weihnachten Kerzen an, weil sie alle auf Weihnachten warten und ihnen das kleine Licht immer wieder Freude und Geborgenheit schenkt.

Rolf Krenzer, © Rolf Krenzer Erben, Dillenburg

Kreative Ideen

Für alle Sonntage:

Martin-Luther-Puppe
Im Jubiläumsjahr 2017 können alle biblischen Geschichten mit einem selbstgebastelten Martin Luther erzählt werden. Dazu wird ein Rohpüppchen aus Holz (11 cm, zu bestellen bei www.buttinette.de, Art. 17-42324) mit einem Filzgewand (brauner Bastelfilz 15 cm lang x 10 cm breit) angezogen. Dazu das Filzstück der Länge nach falten und mit der Schere einen senkrechten Schlitz von 3cm einschneiden, über den Kopf ziehen, das Gewand in Falten legen (siehe Foto) und mit einer Schnur direkt unter den Armen abbinden. Aus Puppenwolle (auch über buttinette zu beziehen, Art. 17-27212) ca. 15 Luftmaschen häkeln, und die Enden verknoten. Auf den Kopf setzen und anprobieren, dann mit wenig Bastelkleber einstreichen und wieder

Fotos: Beate-Michaela Jöst

auf den Holzkopf setzen und trocknen lassen. Nun die Füße mit brauner Bastelfarbe anmalen. Das Gesicht wird zum Abschluss getupft: Zahnstocher in der Mitte durchschneiden und die Augen mit Farbe tupfen. Mit der Spitze eines weiteren Zahnstochers Mund und Nase aufmalen, zum Schluss mit weißer Farbe einen Tupfer in die Augen setzen.

»Dr. Martinus«, wie ich ihn nenne, wird mit einer alten aufgeschlagenen Bibel und einer Kerze auf ein Tuch in die Kreismitte gestellt und erzählt die biblischen Geschichten.

Reisegepäck

Für jeden einzelnen Sonntag gibt es ein Symbol, das den Kindern im Anschluss in ein Reisegepäck für die Wege im Advent mitgegeben wird. Das Reisegepäck kann ein selbst genähtes Beutelchen sein, das im Team vorbereitet wurde. Dafür wird ein Stück Baumwollstoff (15 cm Länge x 20 cm Breite) mit der Zackenschere zugeschnitten – das erspart das Versäubern der Kanten –, rechts auf rechts aufeinandergefaltet und füßchenbreit mit der Nähmaschine abgenäht (eine Naht von oben nach unten, Nadel stecken lassen, Stoff drehen und den Boden ebenfalls abnähen, das Beutelchen auf die rechte Seite drehen). Mit einem Band wird das Säckchen geschlossen.

Symbole sind:

- Engel (Gabriel)
- Haus (Geborgenheit/ Begleitung bei Elisabeth)
- Stern (zeigt den Weg zur Krippe) als Streuteile aus Holz/Dekoration) oder aus Schokolade/ Gebäck beziehen
- Ast (als Hirtenstab) aus dem Garten
- kleine Kerze (Jesus ist das Licht der Welt).

Wege in die Gemeinde

An jedem Sonntag wird eine Geschichte mit den Kindern erlebt und dargestellt. Dies kann entweder im Gemeindehaus als Weg mit Tüchern gestaltet werden, auf denen Symbole (s.o.) oder Szenen der Geschichte mit Bildern oder Figuren dargestellt werden. Mit den Kindern können aber auch bewusst Wege in der Gemeinde gegangen werden. Das braucht Zeit und Vorbereitung. Entweder besucht man Mitarbeiterwohnungen und gestaltet mit den Kindern jeweils pro Sonntag ein Fenster, oder es wurde vorab bereits vorbereitet. Dann öffnet es sich und die Kinder erfahren die Geschichte vor Ort. Manche Geschäfte wie Bäckerei, Metzgerei oder Apotheke öffnen nach Absprache auch die Türen – und dort wird dann mit den Kindern ein Ladenfenster mit Fingerfarbe bemalt oder gestaltete Plakate mit der biblischen Geschichte hineingehängt. Ein Infoblatt, ausgelegt im Geschäft, kann die kleinen und großen Menschen in der noch verbleibenden Adventszeit mit hineinnehmen ins Innehalten. So haben die Gemeinde und das ganze Dorf an der Kinderkirche Anteil.

(Schutz-)Engel

Engel haben bei den Kindern eine große Bedeutung. Viele haben Ps 91,11 als Taufspruch, andere reden von Schutzengeln etc. Mit wenig Aufwand lässt sich ein dekorativer Engel basteln, der ins eigene Zimmer gehängt oder verschenkt werden kann.
Dazu werden »Engel-Rohlinge« bemalt oder mit Decopatch-Papier beklebt (siehe Fotos). Die Rohlinge und das Bastelmaterial können über den Bastelbedarf bezogen werden (www.vbs-hobby.com).

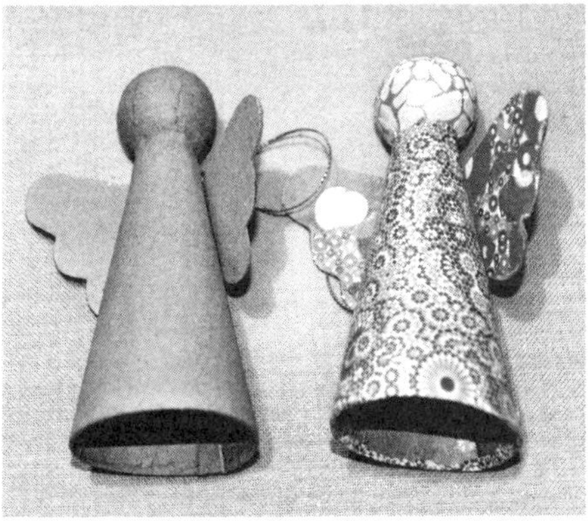

Fotos: Beate-Michaela Jöst

Stichworte:
Engel, Geborgenheit, Haus, Kerze, Krippe, Licht, Marin Luther, Stern, Weg

Beate-Michaela Jöst

Register

I. Bearbeitete Bibelstellen

II. Lieder (die mit Noten abgedruckt sind)

III. Thematische Stichworte

IV. Liturgische Texte/Aktionen

Symbole

 Basteln

 Musik

 Theologisierendes Gespräch

 Essen

 Rätseln

 Gestalten mit Gegenständen

 Bibel

 Spielen

 Miteinander – aneinander

 Malen

 Theater

 Material im Internet